Julius Posener

In Deutschland

1945 bis 1946

Kommentierte Ausgabe
mit einem Nachwort
von Alan Posener

Siedler

Inhalt

1

Begrenzung

Nach so vielen Berichten, die Abgesandte nach Deutschland dem Jishuv über die Zustände dort gegeben haben, mag es unnötig erscheinen, daß ich das Thema noch einmal behandle. Was mich, denke ich, dazu ermächtigt, ist der Zeitpunkt meiner Ankunft dort – Anfang April 45 –, die Dauer meines Aufenthaltes – bis zum letzten Tag des Jahres 46 – und die Besonderheit meines Dienstes: Ich war in Deutschland im Jahre 45 als Garrison Engineer, das heißt technischer Offizier einer Brigade, und im Jahre 46 als Political Intelligence Officer. In beiden Eigenschaften habe ich Einblicke in die deutschen Verhältnisse nehmen können, die der Soldat der Jüdischen Brigade oder der Abgesandte nationaler Institutionen nicht gewinnen konnte. Andererseits hatte ich jene Bewegungsfreiheit nicht, die die Soldaten der Brigade genossen haben, und das gibt zugleich die Begrenzung meines Themas vor: Ich habe nichts von den jüdischen D.P.-Lagern zu berichten und nicht sehr viel von den neu geformten jüdischen Gemeinden in dem Teil Deutschlands, in dem ich diente (nämlich dem Lande Nord-Rhein-Westfalen). Was ich zu erzählen habe, ist nur für jene interessant, die etwas über die deutschen Verhältnisse an sich erfahren möchten, ohne besondere Bezugnahme auf die Lage der Juden in Deutschland oder die Beziehung der Deutschen zu den Juden.

2

Zustand nach der Okkupation

Von dem Ausmaß der Zerstörung haben viele erzählt, und so machte ich mich, als ich nach Deutschland kam, nach den Berichten von den Großangriffen auf deutsche Städte auf einiges gefaßt. Doch muß ich gestehen, daß meine Erwartungen durch das Ausmaß der Zerstörung übertroffen wurden. Das Schlimmste, wie zu erwarten, waren Köln und die Ruhr, wobei die Zerstörung in Köln so gründlich ist, daß von der Innenstadt buchstäblich nichts mehr steht außer der beschädigten Masse des Doms, der grimmig und noch mehr als früher überlebensgroß über das ihn umgebende Trümmerfeld ragt. Die übrigen Wahrzeichen der Stadt sind eingestampft: Groß St. Martin ein Trümmerhaufen, St. Aposteln eine leere Schale, noch in der Zerstörung vornehm und bedeutend. St. Gereon scheint unbeschädigt, bis man hinter die Turmfront im Osten sieht, dann gähnt ein Riesenloch im Zehneck, dem Bauteil, der die Kirche berühmt gemacht hat. Und so steht es um St. Pantaleon, St. Maria im Capitol und die anderen: Eine ganze Schule des mittelalterlichen Bauens, die rheinische letzte Romanik, werden spätere Generationen nur noch aus Kunstbüchern kennenlernen. Ich entsinne mich, daß ich Köln mit einer deutschen Fahrerin besuchte, die vor den letzten Kämpfen alle 14 Tage in Köln gewesen war. An einer Stelle des

Weges warf sie die Hände empor und sagte: »Ich weiß nicht mehr weiter. Ich habe keine Ahnung, wo wir sind.« Da ich einigermaßen »archäologisch« geschult bin, so entdeckte ich in dem Schutt an der Straße die Überreste eines Bogens vom Kaufhaus Tietz und bestimmte unseren Standort als Hohe Straße. Die Rheinbrücken liegen im Wasser, von den Deutschen im letzten Augenblick gesprengt. Eine Notbrücke im Norden der Stadt ist der einzige Rheinübergang. In den Vororten sieht es eine Spur besser aus; aber auch in der Gartenstadt Marienburg ist jedes dritte Haus eine Ruine, nur daß die Ruinen dort im Grünen stehen. Kommt man aber an den Fabrikgürtel, besonders im Osten des Rheins, außerhalb Mülheims, so findet man viele moderne Backsteinhallen unversehrt und tätig.

In der Ruhr machte ich die gleiche Erfahrung: Die Wohnungen der Arbeiter sind zerstört, die Vororte stehen im allgemeinen, und einige der Villen sind noch von ihren alten Bewohnern belegt; die meisten freilich dienen militärischen Zwecken, als Bureaus und Messen. Die Fabriken aber, die Zechen und Hochöfen arbeiten, bis auf gewisse Sonderfälle wie Krupp in Essen, das imposanteste Denkmal vernichtender Explosivwirkung, das man diesseits von Hiroshima sehen kann. In Zahlen ausgedrückt: Man fand nach der Kapitulation, daß 20 Prozent des Industriepotentials zerstört waren. Das ist viel, aber von den Wohnungen sind 80 Prozent beschädigt und zwei Drittel davon zerstört oder fast zerstört.

Köln trägt die Spuren von vielen Bombenangriffen und vom Endkampf. Die Ruhr hat sich kaum mehr verteidigt, so daß die Schäden da allein auf den Luftkrieg zurückzuführen sind. Gewisse Städte, wie Wuppertal, wirken absonderlich, da überall die Fassaden stehen; aber die Wohnungen dahinter sind rein ausgebrannt und ganze Straßenzüge von Fassaden sind leere Schalen. Da hat man »mit Phosphor gearbeitet«, wie die Deutschen sagen, und in den abschüssigen Straßen der Stadt rannen Feuerbäche und ergriffen jeden, der nicht schnell genug flüchten konnte. »Wir haben brennende Fackeln gesehen, die rannten und schrien. Ich habe im Spital Leute behandelt: Während ich an ihrer linken Schulter tupfte, brannte der rechte Arm noch lichterloh«, erzählte mir eine Pflegerin. Sie konnte sich nicht versagen hinzuzufügen, daß auch solche Kampfmethoden vielleicht nicht Beispiele reiner Menschlichkeit seien. »Ich habe ja nichts gegen ›richtige‹ Bomben«, meinte sie abschließend. Auch in Wuppertal haben die Fabriken am wenigsten gelitten, und einige der schönen Villenstraßen an den Hängen sind noch erfreulich anzusehen. Nie habe ich eine Zerstörung gesehen, die mit so großem Recht den Namen tragen könnte: Krieg den Hütten, Friede den Palästen. Man ist versucht, dahinter eine Absicht zu sehen. Aber einer solchen Absicht, wenn sie denn bestanden haben sollte, wird durch das Potsdamer Programm der Demontagen nicht zum besten gedient. So lernt man dann, angesichts der Zerstörungen zuerst, wie später an noch so vielen anderen Gegenständen, den Kopf schütteln. »If this be method, yet there's some madness in it«, könnte man sagen, indem man das Wort des Polonius umkehrt.

Die Städte überraschen nur durch die Vollständigkeit der Vernichtung, der sie unterworfen wurden. Auch die Berichte der Betroffenen vermögen nicht einen Begriff davon zu geben, wie das wirklich war. Man halte sich an die Ruinen, um zu verstehen, daß man sich unmöglich eine Vorstellung machen kann. Aber die größere Überraschung ist das Land. In der linksrheinischen Gegend von

Goch, Kalkar, Kleve, Kevelaer, Xanten steht nur noch wenig. Diese Orte sind Haufen von Ziegelschutt. Das ist Kampfgebiet, wie man sich vom Lesen der Berichte her erinnert. Aber auch rechts vom Rhein, in der Linie des englischen Vormarsches aus dem Wesel-Bridgehead, sieht man kein Dorf und gewiß keine Stadt, die nicht in Trümmern läge. Vor dieser Zerstörungsschlacht, die sein würde, wie nichts anderes in diesem Kriege, hatte Eisenhower die Zivilbevölkerung gewarnt. Er sagte, sie solle die Städte verlassen. In den letzten 20 Tagen ist dann in der Tat mehr an kleinen Städten und Dörfern zerstört worden als während des ganzen Krieges vorher. Man wollte damit den Heerestrümmern, die noch vor diesen kleinen Straßenknotenpunkten kämpften, den Rückzug verlegen. Ich kenne den Fall von Bocholt, nahe der holländischen Grenze. Bocholt hatte, trotz seiner Textilindustrie, kaum Fliegerbesuch während des Krieges gehabt; dafür war es dann die erste Stadt, die nach Montys Gleitfliegerlandung auf dem rechten Rheinufer zur Kapitulation aufgefordert wurde. Der kommandierende Oberst hatte etwa noch 200 Mann, aber als preußischer Offizier lehnte er die Kapitulation ab, und nachdem er sich mit seiner Truppe in Sicherheit gebracht hatte – das ist es wenigstens, was sich die Leute dort erzählen –, ging der versprochene Bombenangriff nieder. Er dauerte zwölf Minuten, und Bocholt hat aufgehört zu existieren. Auf diese Weise wurden Coesfeld, Paderborn, Dülmen etc. vernichtet. Der Widerstand der letzten Tage hat Deutschland viel gekostet. In diesen Tagen wurden alle erreichbaren Fluß- und Straßenbrücken gesprengt, und nur die Intervention irgendeines Bürgermeisters, der einen ohnehin müden Pionierhauptmann denn doch zu guter Letzt beredete, seine Sprengladungen wieder fortzunehmen, hat immerhin einiges gerettet. Erstaunlicherweise sind so Brücken von Nebenwegen über kleine Bäche gesprengt, während die Autobahn Berlin–Köln fast durchgehend wieder befahrbar ist, nachdem nur einige Brücken durch die schnell zu errichtenden Bailey-Brücken ersetzt wurden.

Während viele Dörfer und auch kleine Städte in anderen Gegenden, etwa im Lande Lippe oder im oberen Sauerland, völlig oder fast unberührt sind, ist die Zerstörung in solchen Kriegsgebieten, wie ich sie in Deutschland zuerst gesehen habe, allgemein, und ich werde nie das ungläubige Staunen vergessen, mit dem mein Fahrer den Anblick des ersten unzerstörten Dorfes quittierte, in das wir nach Wochen kamen. Es lag mitten im Kriegsgebiet, und mein Fahrer, ein redseliger Junge, fuhr in tiefem Schweigen durch das ganze Dorf hindurch, um dann zu bemerken: »Sir, there's something wrong with this village!«

Man fragt sich, wo bei einer so gründlichen Zerstörung die Leute wohnen. Tatsächlich haben sich viele, als es in der Ruhr so schlimm wurde, nach dem Süden und nach dem Osten geflüchtet. Den Osten haben sie gleich wieder zu verlassen versucht, als die Russen kamen. In Süddeutschland dagegen sitzen immer noch eine ganze Menge von Ruhrleuten untätig auf den Dörfern. Viele sind auch in die nahe liegenden Dörfer im Sauerland gegangen. Viele Städter hatten ihre Habe verteilt und waren nun sehr in Verlegenheit, als ihre Betten im Thüringischen russisch wurden, ihre Bilder im Schwarzwald französisch und ihr Gasherd bei Kissingen amerikanisch; und sie selbst saßen, von ihren Habseligkeiten getrennt, im Englischen. Es ist letzthin vorgekommen, daß es den »amerikanischen« Deutschen in Bayern zuviel wurde, den »englischen« Deutschen aus der Ruhr auf Monate und

Jahre Unterkunft zu gewähren, und eines schönen, oder vielmehr eines kalten Tages im November rollte ein Zug mit Deportierten aus Bayern in Essen ein. Da Essen vorher nicht benachrichtigt worden war, so lag dieser Zug mit seinen 600 Menschen an Bord sechs Tage lang im Bahnhof Essen-Borbeck. Zu den Zerstörungen kommt die Besatzung, die, wie es sich gehört, die besten Häuser für sich genommen hat. In den übrigen leben die Leute zu dritt, zu viert in einem Raum, ich weiß nicht, wie viele Familien in einem Haus. Tausende leben immer noch in den enormen Beton-»Bunkern«, die in den Städten gegen den Luftkrieg errichtet worden sind. Da sind vier Etagen unter der Erde und vier über der Erde, und wie es dort aussieht – und riecht –, ist anschaulich in Fenner Brockways »German Diary« beschrieben, das ich überhaupt all denen zur Lektüre empfehle, die an weniger summarischen Auskünften interessiert sind.

Die Besatzung ist inzwischen, im Winter 45, zum großen Teil in die Hitler-Kasernen gezogen, die im Jahre 38 am Rand aller deutschen Städte mit größtem Luxus und Geschmack errichtet worden sind. Man hat diese Kasernen geschickt gebombt, so daß fast ausschließlich die Garagen getroffen wurden, während die Unterbringungshäuser erhalten blieben. Ich hatte mehrere solcher Kasernen für britische Winterquartiere vorzubereiten und konnte die schöne Arbeit bewundern, die an eine schlechte Sache gewendet worden ist.

Als die Truppen in den Kasernen stationiert waren, kamen die Deutschen aus ihren Dorfbaracken zurück und richteten sich in ihren frei gewordenen Wohnungen wieder ein. Und dann kam, im Frühling 1946, die Invasion der englischen Familien. Sie bewirkte, daß dieselben Leute noch einmal aus ihren Häusern geworfen wurden, die nun für verheiratete Engländer bestimmt waren. In die Dörfer konnten sie nicht zurück. Wieder aufgebaut – bis auf notdürftige Ausbesserungen an Dächern und Fenstern – ist bis heute noch nichts in Deutschland, und so stehen diese zum zweiten Mal Evakuierten vor einer gewissen Schwierigkeit. Nun, die Musik kommt uns bekannt vor. Aber jetzt kommt doch eine hier unbekannte Note in den Accord: Was den Engländern recht ist, ist den Belgiern billig, und so wurden ohne vorherige Warnung im tiefsten Winter aus dem Bezirk Arnsberg 25 000 Leute in den Bezirk Minden evakuiert, niemand weiß wohin, um belgischen Frauen und Kindern Platz zu machen.

Aber ich greife vor. Ich wollte von der Lage unmittelbar nach der Kapitulation sprechen.

Auf eine Seite der Sache brauche ich wohl nicht einzugehen: das sind die Millionen von armseliger Menschheit, die in den Lagern faulten und auf Straßen rollten. Straßen und Lager waren damals mein Beruf, und so kann ich davon etwas erzählen. Die schnelle Folgerung daraus war, daß wir es sehr bald aufgaben, uns um Straßen überhaupt noch zu kümmern, denn wie konnte selbst eine gute deutsche Straße das aushalten, was sie damals zu bewältigen hatte. Wo der Zug schwerer Tanks zu Ende war, folgten die Lastautos mit Kriegsgefangenen und hinter ihnen, oder in Gegenbewegung, befreite Franzosen, Soldaten und Zivile, Italiener, die in eins der improvisierten Camps gebracht wurden, Russen, dann evakuierte Deutsche, die zurückkamen, auf Bauernwagen mit Planen. Und die Camps: Man darf hoffen, daß die Juden die allerschlimmste Gastlichkeit nicht zu genießen hatten, die wir auf den Rheinniederungen, die fast ständig überschwemmt waren, Russen, Polen und Italienern bieten mußten. Diese Leute saßen in Zelten auf der nassen

14

Wiese, nur die Küchen, Duschen, Latrinen waren in schnell aufgerichteten Holzschuppen untergebracht, und unsere wesentlichste Arbeit bestand darin, mit diesen kostbaren Bauteilen hauszuhalten und uns in vielen Formularen über die Verwendung auszuweisen. Es erbitterte uns, daß diese wichtige Arbeit dadurch gestört wurde, daß die D.P.s die Hölzer nahmen und Feuer damit anzündeten, was ihnen nicht eben zu verargen ist. Ich muß freilich gestehen, daß selbst ich später etwas ungehalten wurde, als ich eine Gruppe Italiener, die das Glück hatte, bereits in diesem Sommer 45 in einer der schönen Kasernen untergebracht zu sein, damit beschäftigt fand, den eichenen Parkettboden aus allen Schlafräumen zu reißen und damit im Treppenhaus ein Freudenfeuer anzuheizen. »Signor Tenente«, sagte ihr Anführer, »Signor Tenente, die Jungen müssen doch etwas Rache nehmen.« D.P.s sind unbeliebt beim Soldaten. Jeder britische Soldat macht sich klar, daß diese Leute nicht aus freien Stücken nach Deutschland gekommen sind (wenigstens nicht alle. Wir hatten Grund, uns über die »Zwangsverschleppung« bei vielen der Polen und Russen unsere Gedanken zu machen). Jeder kannte die erbärmlichen Bedingungen, die wir ihnen zu bieten hatten. Und doch wirkten diese Gruppen von Russen, die sich durch die Straßen von Bocholt wälzten, mehr furcht- und abscheu- als mitleiderregend. »There comes mischief«, sagte mein Sergeant. Sie stahlen, brannten, vergewaltigten ungehindert, mordeten auch wohl zuweilen; aber das war vielleicht das Schlimmste nicht in den Augen der Engländer. Der Duft nach grünem Gras und frischer Scheiße, der aus dem Russenlager drang, das friedliche Nebeneinanderkacken von Bachur und Bachurah – nicht in der Latrine, versteht sich, sondern im Geschirrabwaschgraben –, ja vielleicht nichts als der weiche Gang, die wulstigen Mützen, die sturen Münder diskreditierten sie in den Augen von Tommy, besonders wenn deutsche Bauern die Folie abgaben.

Die Deutschen machten vom ersten Tage an aus den Russen eine halb ehrliche, halb übertreibende Propaganda. Wo immer man anklopfte, erfuhr man, daß die Russen den Leuten alles genommen hätten, und die alte Tante hätten sie auch ... Vor den Russen wollten sie geschützt sein, und ich meine, eine ganze Menge von Deutschen hielt dies für unsere vornehmste Aufgabe in ihrem Lande. Die Antwort war, daß ja nicht wir die Russen ins Land gerufen hätten, und diese Antwort liebten sie nicht. Es gab schon damals freundliche Tommys, die sich auf Grund einer gemeinsamen Abneigung gegen den Russen an die Deutschen anschlossen, wiewohl das ja verboten war. Die in diesem Augenblick vielleicht bedauernswertesten D.P.s waren in der Tat die Deutschen, die zu Fuß oder auf Pferdewagen kreuz und quer durchs Land zogen, einander oft verloren und selten wiederfanden. Und die Szenen, die man auf den Amtsstuben rheinischer Dörfer erlebte, waren nicht erfreulich. Den Rhein konnte kein Zivilist ohne schwer zu erlangende Vollmacht überschreiten. Die Zonen waren hermetisch voneinander abgeschlossen.

Bald sollte, wenn auch nicht für Menschen, so doch für Materialien und Güter, der Übertritt von einem in den anderen Kreis in der britischen Zone selbst eine Schwierigkeit werden, und im Herbst 1945, als ein jeder Kreis seine Militärregierung hatte und alle vier, fünf Kreise ihren Garrison Engineer, der der einzige Offizier mit Requisitionsgenehmigung für jede Art von Baumaterial und Bauarbeit war, im Herbst hatte man in der Zone ein paar hundert selbständiger Republiken komplett mit Grenzschiebungen und »geh nach Warburg zu dem *anderen* Colonel! *Da* bekommst Du's.«

16

Was hat sich seitdem verändert? Auf der administrativen Seite, die eben erwähnt wurde, eine ganze Menge, wovon zu reden sein wird.

Die D.P.s, die, ich glaube, vier Millionen zählten, als die Alliierten einzogen, sind bis auf sieben- bis achthunderttausend für beide angelsächsischen Zonen resorbiert. Und ihre Unterbringung ist heute einigermaßen menschlich sowie ihre Freiheit, herumzugehen und »den Sieg zu genießen«, etwas mehr eingeschränkt. Ihr wesentlicher »nuisance value« besteht heute in ihren Schwarzmarkt-Händeln; ihr Problem – nun, das wissen wir – in der Tatsache, daß diese Hunderttausende ohne Arbeit, ohne Zukunft hier und da im Lande sitzen und ein Memento darstellen, eine Gefahr, ein Schade, ein bequemes Ventil für den Zorn, den die Deutschen lieber auf die eigenen Leute konzentrieren sollten.

Was die Zerstörungen angeht, so ist der Schutt von den Fahrdämmen fortgeräumt und wird mit Feldbahnen auf besondere Schutthalden gekarrt. Er wird auch langsam aus den Häusern selbst fortgeräumt. In den Ruinen, in Baracken, in lahmgelegten Fabriken etc. hat man Notdächer errichtet. Man hat Hunderttausende auf diese Weise untergebracht. Aber die zerstörten Haus-Skelette sind noch nicht beseitigt und neue Häuser – es seien denn einige »Nissen«-Lager für Bergleute – sind noch nicht errichtet. Inzwischen beschäftigen sich arbeitslose Architekten damit, Pläne für das neue Köln und das neue Düsseldorf zu zeichnen, obwohl ich fürchte, sie selber wissen nicht, wie man das gründliche Aufräumen zu beginnen habe, das vorher nötig ist.

3

Die Leute

Die Zerstörung durfte man erwarten, Anblick und Haltung der Leute dagegen waren unerwartet. Die Leute entsprachen der Zerstörung nicht. Sie sahen gut aus, rosig, munter, gepflegt und recht gut gekleidet. Ein ökonomisches System, das von Millionen fremder Hände und mit dem Raube des ganzen Erdteiles bis zum Ende aufrechterhalten wurde, zeigte hier seine Ergebnisse. Wir waren aus Italien gekommen, wo in dem harten Winter 44/45 die Napolitaner zu Hunderten in den Straßen verhungert waren. Bettelvolk, so hört man ja immer, aber jetzt bis in höhere Schichten der Gesellschaft hinein so abgerissen, bleich und hoffnungslos, wie wir es erst im zweiten Nachkriegswinter auch in Deutschland sehen sollten. Auf der Reise durch Frankreich sah man wohl besser gekleidete, frisch und sauber aussehende Mädels, was Tommy, zusammen mit den grünen Hügeln, Hecken, Wäldern, »a vast improvement« nannte. Die Soldaten kamen aus dem Orient, und Süditalien war ein »improvement« nur für landschaftliche und kulturelle Feinschmecker. Frankreich sah schon besser aus.

Aber was war das gegen die Ketten netter, weißgekleideter Mädels, die vor den Trümmern der Stadt ihren Abendspaziergang machten, so kokett und unangefochten, als sei die Stadt noch heil und das Vaterland nicht im

18

Abgrund; was war das gegen die ulmenbegleiteten Landstraßen, die sauberen und reichen Bauernhöfe und kleinen Wasserschlösser, kurz, gegen den Eindruck, wie es einer meiner Korporäle nannte, »to be in a real country, a country like home, so similar, and perhaps even better«. Und die deutschen Quartiere, die »Gastfreundschaft«, wenn unter solchen Umständen das Wort am Platze ist (aber wie anders konnte man die Art bezeichnen, mit der uns von unseren deutschen Quartierwirten bald jeder Wunsch von den Augen abgelesen wurde), der Hausgarten mit blühenden Obstbäumen – und blühenden Töchtern – und die Mahlzeiten, die die Hausfrau uns kochte und zu denen sie uns außer unseren eigenen Rationen aus ihrem eigenen Garten und Keller das Beste aufdrängte – und damals gab es Bestes in deutschen Kellern: All das beförderte eine unchristliche Feindesliebe.

Die Sache war aber immerhin problematisch für Tommy. In eben diesen Tagen des Kriegsendes waren die Enthüllungen von Belsen und Buchenwald durch die Presse gegangen, und jede englische Einheit bekam Bilder von den Greueln und hatte sie im Company Office aufzuhängen. Auch hatte man uns beim Einzug in Deutschland ein Büchlein verteilt, »Your future Occupation«, geschrieben von einem ehemaligen holländischen Untergrundkämpfer, der uns vor den Gefahren warnte, die uns von seiten eines verhetzten, todesbereiten Volkes drohten. Darin hieß es gleich zu Anfang, wir würden keine guten Deutschen treffen. Die guten Deutschen seien auf den Friedhöfen, wohin das gründlichste Ausmerzungssystem der Geschichte sie längst gebracht habe – soweit es je viele gegeben haben sollte. Und dies war ja nur ein letztes Wort gewesen nach all den Jahren »Huns« und »Boches« und »Barbarians«, aber nun konnte Tommy beim besten oder beim schlechtesten Willen die Urtypen, die die Propaganda der Kriegsjahre ihm vorgestellt hatte, in seiner neuen Umgebung nicht erkennen. Er konnte auch nicht sehen, daß eben das das Problem war: daß es gelungen war, das *deutsche* Volk zu dem zu machen, als das es nun in der Geschichte dasteht. Er erwartete Menschenfresser und fand freundliche Greise und süße Mädels, besonders viele von diesen, da die Männer fort waren; und so meinte er, die Ausdrücke in der Presse seien nichts gewesen als Propaganda. Da man damals die Deutschen selbst nicht fragen konnte – strikte Non-Fraternization, sogar gegen die Kinder, war das Gebot Montgomerys –, so fragte man mich: ob die Deutschen im Rheinlande ganz verschieden seien von den Preußen, die wohl die wahren Menschenfresser und Hunnen wären? Wenn nämlich nicht, so könnte ja wohl nicht wahr sein, was die Zeitungen uns auftischten. Ich führte den Frager vor das Bild einer der Gruben in Belsen und fragte ihn, ob er meinte, das sei auch Propaganda? »I would not be so sure«, sagte mein Corporal nach einigem Zögern. »Aber Postlethwaite: Glauben Sie wirklich, britische Offiziere oder Presseleute gäben sich dazu her, nackte Leichen von Weibern und Kindern, zu Skeletten abgemagert, in eine Grube zu werfen, um sie als deutsche Greuel photographieren zu können?« – »Das wohl doch nicht«, sagte Postlethwaite gequält, »aber dann? ... ja dann? Wie soll ein Mensch das verstehen?« Und da dies in der Tat jenseits der Möglichkeit menschlichen Verstehens liegt, so begnügten sich die meisten damit, es zu vergessen; und als dann nach einigen Wochen die Wandbilder ausgewechselt wurden, da war auch der Stein des Anstoßes aus dem Wege.

Ja, man betrachtete den Feind mit Sympathie, und

man konnte die Zeit nicht erwarten, sich ihm zu nähern. Wenn deutsche Gefangene durch die Stadt gefahren wurden, so liefen die Kinder herzu, winkten, riefen auch wohl »Heil«, um zu verstummen, wenn ein englisches Auto passierte, das sich in denselben Convoy verirrt hatte. Jedesmal konnte ich dann den enttäuschten Ausdruck auf dem Gesicht meines Fahrers sehen, daß wir nicht auch so liebenswürdig von dieser reizenden Jugend begrüßt wurden. Wirklich, sie waren neidisch und verbargen es nur schlecht hinter Bemerkungen wie »Incredible, they still make heroes of them«.

Wie sollte da die Non-Fraternization-Order gehalten werden? Die Stadien, durch die diese Order hindurchging, bis sie im Hochsommer endgültig beseitigt wurde, waren nichts als die jedesmalige Sanktionierung eines Zustandes, der längst so allgemein geworden war, daß man Strafen nicht mehr verhängen konnte. Es kamen Fälle vor, daß 20 Tommys mit ihren Schätzen im hellen Frühlingsabend vor der Officers Mess vorbeidefilierten, als noch jeder Umgang streng verboten war, als wollten sie sagen: »Wir wollen doch den Offizier sehen, der uns alle 20 in den Kasten stecken wird.« Es war eine Demonstration.

Und wie stand es auf der anderen Seite? Waren die Fratty-Girls, oder Frats, wie sie einfach genannt wurden, Straßenmädels? Keineswegs. Da waren Haustöchter, Studentinnen, und es waren nicht nur Mädels, die die Annäherung suchten, ebenso dringend wie die Truppe. Man beäugte einander von beiden Seiten einige Tage und war auf beiden Seiten aufs angenehmste voneinander enttäuscht, denn auch Tommy entsprach so gar nicht den Erwartungen, die die deutsche Propaganda bei ihren Bürgern erregt hatte, und man fand sich – mit Stil und

Anmut übrigens. Wir haben viel Kriecherei und feiges Ableugnen der vorigen Gesinnung erlebt, als wir erst mit den Deutschen ins Gespräch kamen, aber der Empfang der ersten Wochen hatte nichts von Kriecherei, es war sogar ein gutes Stück Selbstachtung dabei, und ich kann mir vorstellen, daß die Arztfrau, bei der wir logierten, ihre Töchter vorgenommen hat, ehe wir kamen, und ihnen in etwa gesagt hat: »Kinder, wir haben verspielt, der Feind ist hier; aber Feind oder nicht: Diese Herren sind unsere Gäste, daß ihr's wißt« (oder, wie Goethe sagt: »bekriegt, besiegt, vertragt euch mit der Einquartierung!«). Und noch etwas anderes kam hinzu, das uns noch mehr überraschte: Man spürte da eine Befreiung nach langem Druck, eine Hoffnung, die man nicht nur auf das Conto des schlechten Gewissens schreiben konnte. Was damals in großen Teilen des Volkes vorgegangen sein mochte, finde ich gut in Thomas Manns »Lotte« ausgedrückt, und ich rücke die betreffende Stelle hier ein:

»Je näher sie rückten, desto weniger wurde ihnen bei uns dieser Name ›Barbaren‹ zuteil, desto mehr wendeten sich die Sympathien und Hoffnungen unserer Bevölkerung und Gesellschaft ... ihnen zu; zum Teil wohl einfach, weil man die Sieger in ihnen zu sehen begann, die man schon von weitem durch seine Ergebenheit milde zu stimmen hoffte, namentlich aber, weil die Menschen unterwürfige Wesen sind, von dem Bedürfnis geleitet, mit den Verhältnissen und Ereignissen, mit der Macht in innerer Übereinstimmung zu leben, und weil ihnen jetzt das Schicksal selbst den Wink und Befehl zur Sinnesänderung zu erteilen schien. So wurden aus den gegen die Gesittung rebellierenden Barbaren binnen weniger Tage Befreier ...«

Der Ausdruck »Befreier« ist damals nicht, später dagegen oft von den Deutschen gebraucht worden, um die Stimmung zu beschreiben, mit der besonders die englischen und amerikanischen Truppen seinerzeit begrüßt wurden, und auch damals hörte man allenthalben ein erleichtertes Aufseufzen. Wir waren so verwundert, denn diese Haltung stand im Gegensatz zu allem, was wir aus Deutschland wußten, auch zu dem fanatischen Widerstand des Heeres bis zur letzten Minute, daß wir unsere »erlösten« Wirtsleute fragten, was sie denn von uns erwarteten. Schließlich habe nichts stattgefunden als eine bedingungslose Kapitulation, und die Alliierten hätten nicht mehr versprochen, als daß sie das deutsche Volk nicht geradezu vernichten wollten. Wir erhielten keine Antwort als jenen Ausdruck von Hoffnung, ja Gewißheit, die sich wohl in erster Linie auf unser eigenes Verhalten im eroberten Lande gründete. Die Hausfrau erzählte eines Tages von der Unterstützung, die alliierte Truppen und Behörden ihrer Tochter auf einer Reise gewährt hatten: »In dieser Hinsicht, muß man sagen, benehmen sich die Alliierten wirklich großzügig.« – »In dieser Hinsicht?« fragte ich, »und können Sie mir sagen, in welcher Hinsicht sie sich nicht großzügig benähmen?« – »Es ist wahr«, sagte sie, »und daß man *das* sagen muß: Ihr behandelt uns besser als unsere eigenen Leute!« und brach in Tränen aus. Das Selbstlob der englischen Armee, daß Tommy der beste Gesandte Englands sei, bewahrheitete sich damals in Deutschland, und wenngleich die Meinung der Deutschen über die englische Politik seitdem eine Wandlung erfahren hat, so gilt dieses Wort noch immer, wobei unter Tommy allerdings wirklich Tommy verstanden wird, die »other ranks« nämlich; die Offiziere schon weniger.

4

Kollektivschuld

Die Deutschen – ich meine das Volk im großen und ganzen, nicht die aktiven Mitglieder der Partei – erlebten damals zwei Erschütterungen: die der Niederlage und die der kollektiven Schuld. Es muß wohl zugestanden werden, daß man in Deutschland von den Greueln nichts oder nur wenig wußte, die nun nach den Funden in Belsen in jeder Stadt und jedem größeren Dorf in Wort und Bild den Leuten vor Augen geführt wurden. Die Frage, wieviel man wußte, bleibt trotzdem etwas dunkel. Ich persönlich habe keine Unterhaltung geführt, die nicht mit der treuherzigen Beteuerung begonnen hätte: »Aber glauben Sie mir nur, wir haben von alledem nichts, aber auch gar nichts gewußt«, um mit dem Eingeständnis zu enden: »Mein Vetter freilich, der im Sicherheitsdienst war, nun, wenn der einmal seinen Koller hatte, dann geschah es wohl, daß er losbrüllte, seinen Wein auf das Tischtuch goß, denn ›ich kann kein weißes Tischtuch sehen. Ich habe ewig keins gesehen. Ich kann nicht in so einem gemütlichen Eßzimmer sitzen. Laßt mich heraus. Ich muß Blut sehen. Man ist ja kein Mensch mehr, und man will auch keiner mehr sein.‹ Ja, so sagte er wohl …« Und so einen Vetter hatte jeder und jede. Oder es gab da den Frontabschnitt des Mannes, an dem »auf Ehre nichts passiert« sei; aber von Polen, ja, von Polen habe der Mann wohl durch Kameraden etwas gehört. Aber auch da seien es nicht die Soldaten gewesen. »Der deutsche Landser war sauber.« Nein, das Nicht-Wissen war nicht vollständig, und daß es nicht vollständig war, konnte man schon aus dem zweiten Wege der Verteidigung ersehen, der eingeschlagen wurde: daß nämlich der Einzelne nichts habe machen können, denn sonst hätte er sich bald selbst im Lager wiedergefunden. Die Antwort darauf versetzte die Leute recht in Verlegenheit: daß man uns nämlich nicht *beides* erzählen könne: Entweder habe man von den Schrecken der Lager nichts gewußt, nun, dann durfte man gegen die Tyrannei und Verfolgung, von *denen* man wußte, ruhig etwas sagen, selbst auf die Gefahr hin, auch einmal in eines dieser Sanatorien geschickt zu werden; oder eben, und das schiene uns wahrscheinlich, man *habe* gewußt, oder zumindest recht gut geahnt, was es mit diesen Plätzen auf sich gehabt hat.

Und doch ist in dieser Art, die Frage zu stellen, ein formalistisches Element, das dem psychologischen Sachverhalt nicht gerecht wird. Viele Deutsche haben etwas gewußt: Plötzlich riß ein Erlebnis wie das mit dem Vetter den Vorhang vor ihnen auf; aber sie haben es nicht eigentlich geglaubt, und so schloß der Vorhang sich wieder. Wer forscht auch einer so fürchterlichen Wahrheit nach, im Kriege besonders, wo man notwendig der Meinung zu sein hat, die eigenen Waffen seien rein. Der Deutsche darf mit einem gewissen Recht sagen, er habe nichts gewußt, und auch, er habe nichts machen können, soweit es sich um die Greuel in den Lagern handelt. Deshalb meine ich, es sei bedauerlich, daß man dem deutschen Volke in seiner Gesamtheit die Verbrechen zuschob, vor deren Berichten und Abbildungen im Frühjahr 1945 es mit dem gleichen erstaunten Grauen stand wie die meisten alliierten Soldaten. Man schaffte ihm dadurch ein Alibi. Wer sich selbst und andere mit einigermaßen plausiblen Gründen davon überzeugen konnte, daß er von *diesen* Dingen nicht einmal etwas gewußt habe, der war dann eben unschuldig und hatte »mit *alledem* ganz und gar nichts zu tun«. Und das konnten sogar eine Menge Nazis sagen, von den anderen ganz zu schweigen. Von Anfang an hat es die antifaszistische und im Kriege dann die alliierte Propaganda daran fehlen lassen, gebührend auf die Dinge hinzuweisen, die offen zutage lagen, vom Führer verkündet, vom Reichstag sanktioniert, von allen gewußt und von vielen gebilligt: Beamtenentlassungen, Ausschlüsse, Nürnberger Gesetze, Stürmerkästen, gelber Stern; Dinge, die genügten, ein Volk zu entehren, auch wenn kein einziger Mensch in den Lagern sein Leben gelassen hätte; Dinge zudem, die den Hintergrund abgaben, die Umwelt, in der einzig solche Massenverbrechen möglich waren. Es ist wahr, oder es mag wahr sein, daß der einzige öffentliche Akt von Brutalität, der dem ganzen Volk vordemonstriert wurde, der 9. November 38, keineswegs so aufgenommen wurde, wie die Regierung es erwartete; daß er vielmehr bei sehr vielen, man darf wohl annehmen einer großen Mehrheit, Abscheu und Beschämung erregte, gepaart mit einer mystischen Furcht vor dem jüdischen Weltgeheimbund unter Vorsitz Jehovas. Wie oft hörte man Äußerungen wie diese: »Und das gegen die Juden muß sich rächen«, sagte ich zu meiner Frau. »Dafür werden wir zu zahlen haben. Heut zahlen wir *dafür* (!)« – Dieser Tag hat alles andere so überschattet, daß man die Leute an die Judengesetzgebung zum Beispiel erst erinnern mußte. Denn so sind die Menschen nun einmal, nicht eben nur die Deutschen, daß sie sich die Wirklichkeit, die hinter Gesetzen steht, nicht verge-

26

genwärtigen, daß sie einen Schimpf nicht begreifen und vielleicht auch ganz in der Ordnung finden, aber daß sie vor der ersten eingeschlagenen Fensterscheibe zurückschrecken. Das nimmt ihnen freilich in unserer Beurteilung nichts von ihrer kollektiven Schuld, geschweige denn von ihrer kollektiven Haftung. Es sollte auch in ihrem eigenen Urteil ihre Schuld nicht mildern noch ihre Haftung erleichtern.

In der Zeit, von der ich spreche, hatten die Deutschen keine Presse und keine Redner. Propaganda, die den Sachverhalt hätte klären können, wurde von alliierter Seite nicht getrieben, außer eben mit jenen Bildern an den Rathäusern und den Filmen, die allerorts gezeigt wurden. Ein Schuldgefühl war da, ebenso ein Drang nach Selbstrechtfertigung. Mit uns konnten die Deutschen nicht sprechen. Untereinander mochten sie sich bald verständigt haben, daß sie *für die Taten, die dort ausgestellt waren*, mit Recht kaum verantwortlich gemacht werden konnten. Aber das Schuldgefühl blieb. Vielleicht waren die Kirchen damals die einzigen Institutionen, die versuchten, in die Frage irgendwelche Klarheit zu bringen. Seit Potsdam, mit der Entwicklung von Parteien und Presse, wurde die Frage zu einem politischen Streitobjekt, während die Presse aller Parteien und in den ersten Monaten die von der Militärregierung herausgegebene unpolitische Presse ständig auf neuen Greueln, Prozessen, Verbrechen herumritt, dadurch immer mehr den Eindruck vertiefend, daß das Volk in seiner Gesamtheit zu jener Hexenküche nicht einmal Zutritt hatte. Und ganz langsam veränderte sich auch in der Presse der Ausdruck von dem anfänglichen »peccavimus« in das spätere und heute ziemlich allgemeine »die Nazis haben gesündigt. Auch gegen *uns*.« Wer »die Nazis« sind, ist dann freilich nicht leicht zu sagen, nachdem in Nürnberg die Herren selber als Opfer auftraten der drei, die man nicht mehr belangen kann.

Trotzdem, sogar solche Pseudologia wäre nicht imstande gewesen, das deutsche Schuldgefühl zu bannen, wenn nicht, ebenfalls seit Potsdam, zuerst Nachrichten, dann eigene Erfahrung der stets wachsenden deutschen Not, ausgelöst durch eben jene Potsdamer Bestimmungen, es den Deutschen gestattet hätten, Schuld gegen Schuld abzuwägen. Wir wissen zwar, daß dies unstatthaft ist; aber es ist menschlich. Die Äußerungen in abgefangenen Briefen (oft ganz offenbar zu dem Zweck geschrieben, um von uns gelesen zu werden), in der Unterhaltung, ja sogar in Reden und in der Presse sprachen immer vernehmlicher von »Verbrechen ebensoschlimm und schlimmer als alles, was die Nazis taten«, und heute würde es ein aussichtsloses Unternehmen sein, mit einem Deutschen die deutsche Schuld zu discutieren. Nur die Parteien und Kirchen wiederholen noch ihre Schuldformeln zusammen mit anderen Partei- und Glaubensformeln. Ihr Standpunkt ist, kurz gefaßt, folgender:

Die beiden großen Parteien, die Sozialdemokraten und die Christlich-Demokratische Union, erkennen eine Kollektivschuld nicht an, wohl aber eine Kollektivhaftung. Sie argumentieren etwa so, daß ein Sohn nichts dafür könne, wenn sein Vater bankrott mache; habe aber doch die Folgen der Sache mitzutragen. Sie wollen keine neue Präambel von Versailles, welche die Nation zu einem Paria unter den Völkern machen würde, aber sie erkennen an, daß die Nation wiedergutmachen muß.

Die Kommunisten bestehen auf der Kollektivschuld, von der sie allerdings die eigene Partei insofern ausnehmen, als sie die meisten Märtyrer in den Lagern gehabt habe. Immerhin geben sie zu, daß es die kommunistische Partei durch ihre Schwäche und Ziellosigkeit nicht dahin gebracht habe, das Unglück zu verhüten, und in diesem Sinne seien auch sie schuldig. Da die kommunistische Partei als einzige bis in die jüngste Zeit nicht gegen Potsdam protestiert hat – mit seinen großen örtlichen Gebietsabtretungen und gewaltigen russischen Reparationen –, so ist auch einzusehen, warum sie die Kollektivschuld akzeptieren muß: Solche Sühneforderungen, wie der Freund im Osten sie stellt, können dem deutschen Volk nur dann verständlich gemacht werden, wenn es sich als Sündervolk fühlt.

Die katholische Kirche kann die kollektive Schuld eines Volkes nicht anerkennen. Sie ist universal und wünscht nicht, die deutsche Schuld von der europäischen zu trennen, noch die deutschen Eigenschaften als etwas anzusehen, das außerhalb der Conditio humana stünde. Die katholische Kirche, die sich den Nazis gegenüber unabhängig gezeigt hat, kann es sich ferner leisten, auch der Besatzung gegenüber unabhängig zu sein, und von keiner Seite vielleicht wurde eher und schärfer auf die Verbrechen *seit* dem Kriege hingewiesen als von den Bischöfen von Münster und Paderborn, denselben, die am stärksten unter den Nazis auf die Verbrechen in und vor dem Kriege hingewiesen hatten. Das deutsche Publikum versteht diesen katholischen Standpunkt gern im Sinne des Aufrechnens von »unseren« Sünden gegen »eure«, was freilich die katholische Meinung nicht ist. Und wenn die Kirche von europäischer Schuld spricht, so interpretiert der Bürger das so, als habe England durch seine lange Duldung der Sache ebensoviel Dreck am Stecken wie das deutsche Volk: »Wenn Leute wie Churchill selber voll von Lob für den Führer waren, wieso sollte eben ich, Franz

Müller aus Wiedenbrück, ihn durchschauen und gegen ihn rebellieren?«

Der Standpunkt der protestantischen Bekenntnisse wird wohl gültig von Niemöller repräsentiert, den ich in Herford im Mai 46 habe predigen hören. Ich will davon kurz erzählen: Die Kirche war voll, als wir ankamen, so daß der Küster uns nur noch unter der Kanzel placieren konnte, wo wir standen und den Redner nicht einmal sehen konnten. Auch die Gänge waren überfüllt, an allen Eingängen hingen Menschentrauben, die ein Wort zu erhaschen suchten, und in dem Raum zwischen der ersten Sitzreihe und dem Altar saßen die Leute auf der Erde, die Gesichter gespannt nach oben gewendet. Es herrschte Totenstille, während Niemöller sprach, und nach anfänglichem Ärger über unseren unbequemen Standort sah ich bald seine Vorteile ein, denn man konnte die Wirkung auf die Menge von keiner Stelle besser beobachten. Man hat Niemöllers Gestalt ja in Abbildungen gesehen; man hat sie leider auch im Film gesehen, wo er als ein stotziger Pastor wirkte, ein massiver »Hier stehe ich, ich kann nicht anders«-Mann. Niemöller ist klein und schmächtig, dunkel, mit gebogener Nase und kühnen, warmen Augen. Seine Stimme ist ruhig, unpathetisch, wenn auch zuweilen zu sehr die eines gerührten Schauspielers. Man glaubt gern, daß er Soldat war. Er gehorcht dem kategorischen Imperativ und schont weder sich noch seine Leute.

Niemöller sprach nicht als einer, der einen langen Kampf erfolgreich bestanden hat. Die schwierigste Phase beginnt erst, seiner Meinung nach, und mir scheint heute, rückschauend, daß er sich wird sagen müssen, er habe diese schwere Schlacht gegen den »inneren Hitler« verloren.

»Da sind nun sechs Millionen Juden, ein ganzes Volk ist in unserer Mitte und in unserem Namen kalten Blutes gemordet worden«, sagte Niemöller. »Was fangen wir mit dieser Tatsache an? Wenn ich einen von euch hier frage, so wird er antworten: ›Da mußt du schon den Ortsgruppenleiter fragen. Was konnte ich dazu?‹, und der Ortsgruppenleiter wird mich an den Gauleiter verweisen, und so weiter hinauf bis in den Gerichtssaal an die 22. Und die? Nun, wir hören es ja jeden Tag: Sie schieben es drei Leuten zu, dreien, die glücklich aus dem Wege sind: Hitler, Himmler und Goebbels. Ja, liebe Freunde, diese drei sind tot; aber die Erbschaft von sechs Millionen Toten, die kann man ihnen nicht mit ins Grab legen, die müssen wir antreten, haben wir doch auch die erfreulicheren Erbschaften aus ihrem Tun (oder was uns erfreulich schien) angetreten all die Jahre lang. Ich sage ›wir‹, damit ihr nicht sagt: Er hat's leicht, er hat ein Alibi. Ich habe kein Alibi.

Als ich vor einiger Zeit mit meiner Frau in der Nähe von Dachau war, wollte ich ihr die Zelle zeigen, in der ich sieben Jahre lang gesessen hatte, und da führte uns der Posten auch an eine Mauer mit einem eisernen Tor, die ich wohl kannte. Ich wußte, dahinter ist das Krematorium. Und hier, an einer Birke, hatten die letzten Überlebenden ihren toten Kameraden eine Gedenktafel angebracht. Es stand geschrieben: ›In diesem Krematorium wurden in den Jahren 1933 bis 1945 250 000 Menschen verbrannt.‹ Als ich las ›1933‹, fühlte ich, wie meine Frau an meinem Arme zitterte, und mich selbst überlief es heiß und kalt: Denn da ging mein Alibi. Was hast du denn 1933 getan, Pastor Niemöller? Hattest du nicht deiner Gemeinde in Dahlem Gottes Wort zu predigen? Hast du sie gewarnt? Ein jedes meiner Pfarrkinder von damals kann mir sagen, wenn ich ihm heute von Schuld rede: Du hast mich nicht gewarnt, Pastor Niemöller! Aber vielleicht wußte ich im Jahre 33 nicht, was in Dachau geschah? Nein? Hatte ich nicht Göring sagen hören und konnte ich es nicht in allen Zeitungen lesen: ›Mit den Kommunisten, mit denen mach ich reinen Tisch. Mit denen wird aufgeräumt, in Dachau.‹ Ich wußte also, was man meinen kommunistischen Brüdern und Schwestern in Dachau tat. Und ich habe *nicht* gewarnt. Was tun wir also? Gehen wir auf unser Kämmerlein, jeder für sich, und vergießen ein paar Tränen? Das war die Mode nicht, als ich ein Junge war. Damals, wenn ich meine Mutter gekränkt hatte, sagte mein Vater nicht: ›Martin, geh auf dein Zimmer und geh in dich!‹ Nein, er sagte: ›Du hast deiner Mutter weh getan, Martin, bitte sie um Verzeihung!‹ Wir haben um Verzeihung zu bitten, damit vergeben wir uns nichts. Wir vergeben uns etwas, wenn wir es nicht tun. Neulich, in meiner alten Gemeinde in Dahlem, erhielt ich Besuch von einem meiner damaligen Pfarrkinder, einem getauften Juden, der auch Verfolgungen erlitten hatte, und als ich ihn erkannte, sagte ich: ›Bruder, verzeih mir, wenn du kannst!‹ Das, scheint mir, ist in unseren menschlichen Beziehungen der erste Schritt nicht um der anderen willen so sehr als um unser selbst willen. Ich sehe da manchen, der mir sagen will: Auch die anderen sind nicht ohne Schuld uns gegenüber. Gewiß nicht, und unser Schuldbekenntnis gibt nicht ihnen einen Freibrief gegen uns. Aber das ist ihre Sache, und eines anderen Schuld gegen mich nimmt nichts von meiner Schuld fort.«

Es war zehn, als Niemöller von der Kanzel stieg, und ich versuchte, ihn zu sprechen, da ich in eigenen Schwierigkeiten für einen Rat von dieser Seite dankbar gewesen wäre. Aber Niemöller hatte in aller Eile etwas zu sich zu nehmen und reiste gleich weiter nach Dortmund, wo er am nächsten Morgen zu predigen hatte. Einer aus unserer Gesellschaft, ein holländischer Sergeant, überlegte während der Heimfahrt, wann er wohl in Dortmund ankommen könnte und wo dort übernachten, um Niemöller am nächsten Morgen predigen zu hören.

Und trotzdem meine ich, Niemöller kämpft eine verlorene Schlacht. Die, die ihn gehört hatten, waren ergriffen; aber solche, die nur *von* ihm etwas gehört hatten, sprachen anders. »Ja, Niemöller, da habe ich etwas versäumt«, hörte ich sagen. »Ein aufrechter Mann, gewiß, ein Charakter und ein Christ; aber warum muß er aller Welt verkünden, daß wir und nur wir schuldig sind? Hat er es nötig als Deutscher, die ungeheuren Forderungen, die an uns gestellt werden, auch noch gutzuheißen, indem er allenthalben bekennt, wie schuldig wir sind und daß es uns im Grunde noch viel zu gut geht?« Andere wieder (SPD, Schumacher) sprechen von »U-Boot-Kommandanten in Priesterröcken, die gut täten, ihr Schuldbekenntnis für ihre eigene kleine Kaste zu leisten und nicht auf das ganze deutsche Volk auszudehnen«.

Die Katharsis des deutschen Volkes war im Frühjahr 45 möglich, als die vergangene Schuld sich blitzartig enthüllte und Gegenwart und Zukunft in der Schwebe hingen. Ein Volk aber, das seit Jahr und Tag im Zustande der Rechtlosigkeit und stets sich steigernder Auferlegungen von seiten der Sieger lebt, verliert die Fähigkeit zur Erschütterung über die eigenen vergangenen Untaten. Es ist unvermeidlich, daß bei dem jetzigen Gang der Dinge das deutsche Volk wieder dahin kommt, sich als eine Nation zu betrachten »more sinned against than sinning« (King Lear, 3. Akt, 2. Szene).

5

Potsdam

Die Frage der Kollektivschuld ist natürlich für die Deutschen von praktischer Bedeutung. Ihre Vergangenheit stellt ihnen als Gesamtheit sowie als Einzelnen jeden Tag ein Bein, und wir haben schon gelegentlich der Haltung der Parteien gesehen, wie wenig die Sache nach Ansicht der Deutschen sowohl wie ihrer Besieger eine Frage der Moralphilosophie ist; vielmehr ist sie eine der praktischen Politik.

Es wäre zu wünschen gewesen, daß die anderen Nationen sich selbst und den Besiegten eines von vornherein klargemacht hätten: daß nämlich der Standpunkt, der in der Präambel von Versailles niedergelegt ist und die Bestimmungen dieses Vertrages rechtfertigen soll, als überwunden zu betrachten ist. Die Gesamtschuld eines Volkes ermächtigt kein anderes dazu, es in seiner Gesamtheit zu bestrafen. Andererseits ist auch ohne Anerkennung einer Gesamtschuld eine Gesamthaftung nicht von der Hand zu weisen. Das Beispiel von der Familie des Bankrotteurs gilt durchaus, und man hat als Deutscher unrecht, wenn man sich darüber beklagt, daß noch Ungeborene, »die doch gewiß nichts dafür können«, unter der Wiedergutmachung werden leiden müssen, die man ihren schuldigen Eltern auferlegt.

Ein anderer Standpunkt hätte ebenfalls für ungültig

erklärt werden sollen, ehe man daranging, irgendwelche Regelungen in bezug auf Deutschland ins Auge zu fassen, der nämlich, den ich den französischen nennen möchte: Da der deutsche Nationalcharakter »erwiesenermaßen« unveränderlich sei und das deutsche Volk stets wieder auf den Weg der Gewalt führen werde, so seien gewisse Sicherheitsmaßnahmen unerläßlich. Sollten solche Maßnahmen das Aufhören der nationalen Existenz des unverbesserlichen Volkes im Gefolge haben oder auch den Tod von einigen Millionen dieser unerwünschten Spezies, so sei dies immer noch ein geringeres Übel. Wie die Franzosen diesen Standpunkt mit ihrem Katholizismus in Einklang bringen, ist hier nicht wesentlich, ebensowenig, wieso Juden, unter denen er verbreitet ist, gerade Juden, die darunter von jeher gelitten haben, sich bereit finden, ihn anzunehmen. Uns gehen hier beide Thesen, die von der kollektiven Sühne und die von der Sicherung gegen das Verbrechervolk, in ihrer Anwendung und Wirkung auf die Deutschen an; und hier muß man sich klar sein, daß ein Friedensschluß in Europa heute ein pädagogischer Akt ist, von dem der Erfolg oder Mißerfolg aller Bemühungen um »reeducation« wesentlich bestimmt wird. Im Lichte von Potsdam kann Reeducation nichts anderes sein als neue Unterdrückung, Verbrennung von Büchern, Ausmerzung der Hierarchie von gestern, Ächtung gewisser Worte, Zeichen und Gesinnungen, ohne daß etwas überzeugendes Neues an ihre Stelle getreten wäre. Im Lichte einer anderen Regelung, wie sie uns vorschwebte und wie sie in allen internationalen Abkommen seit 1941 versprochen worden war, hätte man nicht einmal die Bücher zu verbrennen brauchen. »That 'll show them that war doesn't pay«, wird oft erwidert, wenn man dem Mißfallen an der gegenwärtigen Regelung Ausdruck gibt. In

Wirklichkeit zeigt es nur, »that defeat doesn't pay«, eine Tatsache, die niemand je bezweifelt hat. Ja, in letzter Konsequenz zeigt es, daß kein anderer Ausweg gelassen ist als eben Gewalt, »war« also, um das wieder zum Verschwinden zu bringen, was Gewalt gegen das vom Sieger selbst verkündete Recht auferlegt hat. Wenn etwa die These vom ungenügenden Lebensraum unter den Nazis falsch war – oder doch nicht die Lebensfrage, als die man sie darstellte –, so ist dieselbe These heute, nach dem Zustrom vieler Millionen Vertriebener in ein Deutschland, das seiner landwirtschaftlichen Basis im Osten beraubt ist, richtig.

Und auf diesem Hintergrund wird heute wieder alles geprüft, was mit den Fragen des deutschen Gestern und seiner Wirkung aufs Heute und Morgen zusammenhängt. Dieser Hintergrund leuchtet auf, von was immer man mit einem Deutschen spricht, vom Geschichtsunterricht in den Schulen, der noch nicht stattfindet, bis zum Nürnberger Prozeß.

Ich sprach im dritten Abschnitt von der Hoffnung, mit der die britischen Truppen von der Bevölkerung begrüßt wurden. Das war im Mai 45. Im Mai 46 hatte ich mich mit einem der Männer zu unterhalten, in denen wir die Besten im heutigen Deutschland sehen dürfen, einem Pastor der Bekenntniskirche und Freund von Niemöller, mit dem er zusammen vier Jahre lang in Dachau gesessen hat. Das Thema war Nürnberg, aber was der ruhige und etwas weltfremde Mann zu Nürnberg zu sagen hatte, war nicht bedeutend. Es fiel mir gleich auf, daß ihn die Unterhaltung als solche nicht sehr berührte, eher etwas quälte, und als ich ihn nichts mehr zu fragen hatte, begann er, mit dem Ausdruck der ehrlichsten Verzweiflung: »Und nun erlauben Sie mir, Ihnen eine Frage zu stellen, deren

Antwort ich gern wüßte, um sie mir selbst und meinen Pfarrkindern jeden Tag wiederholen zu können: Was wird gewollt? Soll das deutsche Volk vernichtet werden? Ist das der Plan? Man denkt das hier allgemein. Man bringt mir ein gewisses Vertrauen entgegen. Man meint: Da steht einer, der hat gewiß nicht zum Gestrigen dazugehört. Der sollte vom Morgen etwas wissen, wofür er ja wohl etwas auf sich genommen hat. – Was soll ich nun denken, und was soll ich diesen Leuten sagen?« Im Mai 1945 sagte die kleine Nazi-Frau aus Bocholt: »Ihr behandelt uns besser als unsere eigenen Leute«, und weinte darüber. Im Mai 1946 fragte der Bekenntnispastor Wilm aus Mennighüffen: »Wollt ihr uns vernichten?«, und der monumentale Mann weinte beinahe darüber. Was hat das deutsche Volk in diesem Jahre erlebt, das die Meinung so ändern konnte?

Wenn es wahr ist, daß die Potsdamer Beschlüsse es letzten Endes sind, was die Illusion der ersten Monate zerstört hat, so kann man doch nicht sagen, daß mit ihrer Verkündung der Umschwung eintrat. Diese Bombe verhallte fast ungehört. Die Reparationsbestimmungen wurden von dem Mann auf der Straße nicht verstanden. Ein Wort wie das vom »Lebensstandard, nicht höher als der durchschnittlich europäische, ausgenommen U.K. und USSR«, war vollends jenseits konkreter Vorstellungen. Daß Deutschland als eines verwaltet werden und sich bald, wenigstens in gewissen wichtigen Ressorts, selbst als eines verwalten sollte, gab Hoffnung; man hatte dergleichen vorerst noch gar nicht erwartet. Über den großen Schnitt im Osten hörte man wohl Äußerungen wie: »Man denke doch, Königsberg russisch!« oder »Mein Gott, man gibt den Polen viel!« Aber der nationale Trauertag, den man erwartet haben sollte, war die Verkündung von Potsdam keineswegs, so wenig, daß ich meine Bekannten schließlich fragte, ob sie denn die Schwere dieser Auferlegung gar nicht begriffen. »Mein Lieber«, war die Antwort, »als ich 15 war, kam Adolf zur Macht. Seitdem ist so etwas wie Krieg, erst noch nicht mit Kanonen und dann ja mit Kanonen und noch anderem. Zwei Jahre lang sind wir jede Woche einmal um unser Leben gerannt. Das muß man erlebt haben, um es sich vorstellen zu können. Nun ist es zu Ende, gottlob! Du fragst, ob sich die deutsche Jugend denn nicht um Deutschland Sorgen macht. Die deutsche Jugend will tanzen. Man hat uns so viel von Volksgemeinschaft erzählt, daß nun unserethalben das liebe Vaterland zum Henker gehen kann.«

Ich weiß nicht, wie es unter den Nazis wirklich um die Volksgemeinschaft stand, doch kann ich mir kaum denken, daß sie so allgemein als das Bindende empfunden wurde, wie das in Erez Israel der Fall ist. Nach der Kapitulation jedenfalls stieg eine solche Wolke von Selbstsucht, einer »Jeder für sich«-Haltung, von Schiebung, Denunziation, gegenseitiger Anschuldigung auf, daß man kaum annehmen kann, das sei aus dem Nichts gekommen und nur die Reaktion auf den strengen nationalen Zwang. Diese Wolke bedeckt noch heute Deutschland, und wenn da Journalisten von dem Neuen reden, das in Deutschland wachse, wenn Karl Barth sagt, »die Engel halten den Atem an, um zu sehen, was nun in Deutschland geschieht«, so fühle ich mich versucht, dagegen zu sagen: »Die Engel halten den Atem an, um nicht zu riechen, was von Deutschland aufsteigt.«

Der Deutsche einer anderen Zone war schon ein Ausländer. Ich erwähnte bereits die Austreibungen von Ruhrflüchtlingen aus Bayern. Ich entsinne mich eines Bauvorhabens, mit dem ich als technischer Offizier befaßt war. In der Stadt Remscheid, die bereits ein Kino hatte, wollte ein Schieber von Renommee noch einen Festsaal wiederaufbauen, der stark unter dem Bombardement gelitten hatte. Die Genehmigungen waren schon fast erteilt, als ich von der Sache hörte und den Bürgermeister darauf aufmerksam machte, daß man wohl kaum Arbeit und Material für einen solchen Zweck zur Verfügung stellen könnte, solange es in der Stadt noch 6000 Obdachlose gab. Der Bürgermeister sah mich fassungslos an, ein Ratsherr, der zugegen war, klatschte ostentativ Beifall, worauf der Bürgermeister ungläubig lächelte (ungläubig darüber, daß die Besatzung sich *deswegen* Sorgen machte). Das gleiche Erstaunen fand ich dann bei dem Schieber selbst, der gern wissen wollte, wer bei mir gegen ihn gehetzt habe, denn daß die Sache irgendeinen vernünftigen Menschen interessieren könne, und gar einen Engländer, das ließe er sich nicht einreden. »Und vor allem«, sagte er, »ist es so, daß ich keinen Ziegelstein und kein Stück Holz aus den hiesigen Beständen nehme. Ich bekomme das alles durch meine Geschäftsverbindungen mit Herren der französischen Besatzung schwarz aus der französischen Zone.« Es wollte ihm nun gar nicht eingehen, als ich ihn darauf hinwies, daß meines Wissens auch in der französischen Zone obdachlose Deutsche lebten, die solche Materialien zunächst und dringend benötigten. Die französischen Deutschen, meinte mein Freund, sollten wohl selber sehen, daß ihnen die englischen Deutschen nicht ein Schnippchen schlügen. – Man kümmerte sich herzlich wenig um die Deutschen anderer Zonen. Man schuldigte sie allenfalls an, den Nationalsozialismus erfunden zu haben, von dem »unsere Gegend« ja stets rein gewesen sei.

Man frage auch einmal den Bauern nach den Ruhrevakuierten, die er im Dorf hat, »diesen Tagediebеn«, wird er sagen, »die nur essen wollen und nichts tun«; oder man frage den Ruhrarbeiter nach den Bauern, und er wird die Geschichte erzählen, wie er letzthin einen Sack Kartoffeln schwarz kaufen wollte und der Bauer ihm sagte: »Was kannst du mir geben, Hans? Den Perserteppich im Kuhstall hab ich schon, aber die braune Kuh muß eine Zahnbehandlung haben: nun, wenn du mir einen guten Zahnarzt schickst ...«

Und doch war dafür gesorgt, daß der Deutsche, sei er noch so egoistisch, noch so sehr nur damit beschäftigt, daß in der eigenen Stadt »die Nazis alle noch in Amt und Würden sind« – es war dafür gesorgt, daß selbst diesen Deutschen begreiflich wurde, daß Potsdam sie alle anging. Die Züge mit Vertriebenen kamen in einem Kreis nach dem anderen an. Und wie sahen sie aus? Wo sollte man Platz für sie hernehmen? Was konnten sie tun? Auch gab es Mütter, Brüder, Tanten, die darunter waren, und was sie von dem alten Zuhause zu erzählen hatten, war nicht das beste. Und viele von diesen Verwandten kamen auch nie an, blieben verschollen; die Deutschen machten da eine Erfahrung, die wir kennen. Als der Winter kam, stellten andere Nöte sich ein. Der Bauer, der seine Saatkartoffeln aus Pommern bezogen hatte, bekam keine. Er bekam auch keinen Dünger von den sächsischen Werken oder von der stillgelegten Stahlindustrie in der Ruhr. Je mehr der Winter fortschritt, umso mehr drehte sich alles um die zwei Punkte: Unterkunft und Essen. Als ich Deutschland im Oktober 45 verließ, um zwei Monate nach England zu gehen, da standen wohl die Kinder in Krefeld am Zug und bettelten um Chokolade: »Nix Chokolad, nix Cigret, Tommy?« Das kannten wir schon von Anfang an. Als ich aber im Dezember zurückkam, da standen sie von Krefeld bis Hamm in jedem der Industrieorte, hielten ihre Hände hoch und schrien: »Bread, bread!« Der Winter war da, der erste Nachkriegswinter, den man als »schwer, sehr schwer, tragisch« angekündigt hatte. Man hatte versprochen, daß die Austreibungen wenigstens während des Winters ruhen würden, und sie wurden von beiden, Tschechen und Polen, in verstärktem Maße betrieben. Als die UNO zum ersten Mal im Januar zusammentrat, machten beide Länder diese Ankündigung, und die UNO gab nicht einmal einen Kommentar dazu. Man hatte zu viel mit der persischen Frage zu tun, an der doch, so meinten wenigstens die Deutschen, nicht Tausende von Menschen stürben. Immerhin: Dies war »der schlimmste Winter«. Man mußte ihn aushalten. Das Wetter war gnädig. Man sah fast das Ende, als am 4. März die Kürzung der ohnehin knappen Rationen auf 1030 Kalorien verkündet wurde. Dieser 4. März ist wohl der Tag, an dem die Meinung zuerst weitere Verbreitung fand, man habe es auf die Ausrottung des deutschen Volkes abgesehen. So untüchtig konnten doch die Engländer nicht sein, meinte man, daß sie die Notwendigkeit einer weiteren Herabsetzung nicht hätten kommen sehen. Warum haben sie nicht während des ganzen Winters etwas weniger Brot gegeben, um jenen plötzlichen Schnitt gegen Ende zu vermeiden, der moralisch und materiell so verheerend wirkte. Daß die Engländer selbst bald darauf anfingen, Brot zu rationieren, was sie während des ganzen Krieges nicht getan hatten, daß »Fakten zur Welternährungslage«, Indien, China etc. (freilich unter Auslassung der europäischen Fakten, die durch Potsdam geschaffen worden waren), in allen Rathäusern und Lebensmittelgeschäften angeschlagen wurden, hatte keine Überzeugungskraft mehr. Wie so häufig bei der englischen Verwaltung ging die Rechnung offenbar nicht auf, und man konnte je länger, je weniger verstehen, daß die Verwaltung mit dem Übelstand nicht fertig werden *konnte*. Man nahm also an, sie *wollte* damit nicht fertig werden; und während man den Deutschen Vorträge über Demokratie hielt und vor ihren Augen und den Augen der Welt ihre »Verbrechen gegen die Menschlichkeit« aburteilte, schien den Deutschen der Plan ganz offenbar der zu sein, die Welt, ohne eben Blut zu vergießen, von 20 Millionen des gefürchteten Volkes zu befreien. Seit damals nahmen die Gerüchte kein Ende, England führe Nahrungsmittel aus Deutschland *aus*, und in jeder Stadt nannte man die Meierei in der nächsten Stadt, wo dies ganz bestimmt geschehe. Als endlich beim Herannahen des zweiten Winters, des »noch schlimmeren« (und das war eigentlich gegen die Verabredung), zu einer Zeit akuter Hungersnot in der Ruhr, in der deutschen Presse abgedruckt wurde, daß in Amerika »die Getreidespeicher zum Bersten gefüllt« seien, da wiesen selbst die gemäßigten Blätter darauf hin, »daß von einer Welternährungskrise die Rede nicht mehr sein kann, wenn jemals davon die Rede sein konnte«. Und nun, das heißt seit dem Frühjahr 1946 immer entschiedener, wurden auch andere Wirkungen von Potsdam fühlbar.

Am 28. März wurde das Abkommen über die deutsche Industrie von den Großen Vier unterzeichnet, die Ausführungsbestimmung zu dem Passus von Potsdam, der feststellte, eine deutsche Friedensindustrie solle nach Abgang der im Zuge der Abrüstung und der Reparationen abgebauten Maschinerie dem eigenen Bedarf dienen. Der deutsche Lebensstandard solle dabei den durchschnittlich europäischen nicht übersteigen. Dieser Plan setzte die Stahlerzeugung – und dies ist die Schüsselindustrie – auf 5,4 Millionen Tonnen fest und die Kapazität der Industrie auf 7,5 Millionen. Die russische Forderung war 4 Millionen gewesen, die englische 11 Millionen, mit den amerikanischen und französischen Vorschlägen irgendwo zwischen diesen Zahlen. Nun, die russische Forderung hatte sich im wesentlichen durchgesetzt, aber England hatte den Plan dafür nur bedingungsweise unterschrieben. Er könne nur gelten, wenn Deutschland als Einheit behandelt werden würde – was bis heute nicht erfüllt ist –, wenn die Bevölkerung eine bestimmte Zahl (67 Millionen) nicht überschreite, wofür die Russen schon sorgen können, sei es durch ungenaue Angaben, sei es auch durch Verschickungen des Überschusses; und selbst dann müsse England erst einmal sehen, ob der Plan wirklich durchführbar sei. Immerhin, der Plan war unterschrieben, und nun wurde demontiert, de facto erst an einigen wenigen Stellen. Dafür wurden an die 700 Fabriken in der britischen Zone allein auf die Demontage-Liste gesetzt, und eine Wirtschaft, welche wieder auf die Beine zu kommen versuchte, lebte nur von einem Tag zum anderen. Was an moralischer und faktischer Verelendung durch Hunger und Wohnungsnot nicht erreicht wurde, das leistete der »Plan für die deutsche Industrie«, wie das Ding euphemistisch hieß. Und wo der etwa noch zu wünschen übrigließ, da trat das Verbot für Kohlenverteilung für häusliche Zwecke ein (und das in der Ruhr (!), wo soundso oft die Kohlen, die nicht schnell genug nach den Exportländern abgeführt werden konnten, auf den Halden lagen und die Arbeit in den Zechen verhinderten, weil ein weiteres Aufpacken auf die Haufen den ganzen Stoß zur Entzündung gebracht haben würde). Es kam dazu das Zurückhalten der Kriegsgefangenen, das Aufhören der Arbeitsmöglichkeiten für Hamburg und Kiel durch Sprengung der Werften und so manches andere noch, das wir im Verlaufe unserer Erzählung berühren werden. Der Leser, und vielleicht gerade der Leser in diesem Lande, wird nun klarer sehen, wie schwer es für uns war, einem Pastor Wilm zu erklären, daß es keineswegs auf Vernichtung abgesehen sei; daß die Vernichtung nur – bedauerlicherweise – bei der Ausführung gewisser Abkommen mit unterlaufe.

(Dabei müssen wir einräumen, daß die Engländer sich von den vieren in der schwersten Lage befinden und dabei von den vieren die Wohlmeinendsten sind. Mit ihren 22 Millionen Deutschen haben sie eine unverhältnismäßig hohe Einwohnerzahl in ihrer Zone, die den Großteil der Schwerindustrie und einen guten Teil der mittleren Industrie enthält wie Textil (Wuppertal, Krefeld, Bielefeld). Sie haben den geringsten Anteil an der landwirtschaftlichen Produktion, und es war nicht ihre Schuld, daß jene »Einheit der Wirtschaft«, die in Potsdam und noch einmal am 28. März gefordert wurde, von Frankreich, Rußland und Polen nicht anerkannt oder sabotiert wurde. Auf die Gefahr hin, daß ich Rußland in eben der böswilligen Weise überschätze, in der man so gern, von seiten unterjochter Völker, England überschätzt, muß ich sagen: Die Art, wie England dadurch in seiner Zone in Schwierigkeiten geriet, daß Rußland die wirtschaftliche Einheit zunächst anerkannt, dann jedoch sabotiert hat – wobei ihm die französische Weigerung, auch nur das Prinzip anzuerkennen, willkommen sein durfte –, hätte für einen Plan, auch Westdeutschland für den Kommunismus zu gewinnen, seine Vorteile. Gegen einen solchen Plan spräche allerdings die russische Politik in der Frage Westpolens, die nicht geeignet ist, in Westdeutschland Sympathien zu gewinnen.)

Da wir von diesen Dingen sprechen, so will ich auf die Frage antworten, die hier und in anderen Ländern, die gegen Deutschland im Kriege standen, stets gestellt wird: »Hungern die Deutschen wirklich?« Gollancz, der sechs Wochen in Düsseldorf und der Ruhr zugebracht hat, antwortet darauf, daß 20 Prozent der städtischen Bevölkerung in der Tat von ihren Rationen leben, das heißt wirklich hungern. Das mag der Wirklichkeit entsprechen. Aber dazu kommt ein sehr viel größerer Prozentsatz von Leuten, die stark unterernährt sind. Den Bauern geht immer noch nichts ab, und wie gesagt, sie haben Perserteppiche im Kuhstall. Das heißt, die deutsche Hungersnot ist zum Teil eine Frage der Verteilung, wenn auch nur zum Teil, denn es ist nun einmal so, daß die britische Zone und sogar die britische und amerikanische Zone zusammen nicht imstande sind, sich aus ihren eigenen Mitteln zu ernähren, besonders nicht, wenn sie für einige Millionen von Refugiés aufzukommen haben. Die offizielle Ration seit dieser Zusammenlegung im Spätherbst ist 1550 Kalorien, aber gerade seit dem Spätherbst fanden einige der schlimmsten Hungerkrisen in der Ruhr statt, zum Teil deshalb, weil der amerikanische Seeleutestreik die Ankunft der erwarteten Kornschiffe verhindert hat. 1550 Kalorien sind aber auch noch eine Hungerration, denn die Ärzte sagen, es seien zur normalen Ernährung eines Körpers, der keine besonders schwere Arbeit leistet, etwas weniger als 3000 Kalorien erforderlich. Zudem ist die Kalorienrechnung nur eine Seite der Sache, da der Körper bestimmte Bestandteile in seiner Nahrung braucht, Proteine zum Beispiel. Der Brennwert ist nicht alles.

Hunger sieht man nicht so leicht auf der Straße wie andere, mehr dramatische Unfälle, aber in Düsseldorf kann man ihn schon sehen. Die Kinder sehen nicht einmal am schlimmsten aus; aber die Mütter; oder ältere Leute. Die Mütter geben ihre Rationen den Kindern. Ihre Sorgen dagegen behalten sie für sich, und das gibt ihnen dann jene aschfahlen Gesichter und den leicht schwankenden Gang, auch jenen wie verweinten Blick, an den man sich in Düsseldorf gewöhnt. Jeder Kraftfahrer wird bestätigen, daß es eine besondere Nervenprobe ist, heute in Deutschland zu fahren, selbst in ländlichen Bezirken. Einmal sind die Leute gewohnt, auf dem Fahrdamm zu gehen, weil in so vielen Städten die Bürgersteige von Schutt bedeckt sind; und dann reagieren sie so langsam, daß es eine Zeit dauert, ehe sie nach dem Hupen aus dem Wege gehen. Kinder sind beides, träge und undiszipliniert, liegen mitten auf dem Damm und rühren sich nicht oder rennen einem gerade vor die Räder. Wenn Eleanor Roosevelt nach einer Flugzeugreise über Süddeutschland berichtet hat, die Deutschen sähen gut ernährt aus, so muß sie scharfe Augen haben. Der Bericht Fenner Brockways aus Hamburg, schon vom August, wo er schreibt, daß jeder dritte Mensch, der ihm begegnet, die Spuren der Unterernährung zeigt, stimmt eher mit dem überein, was man von Statistiken erfährt, besonders auch von Krankenhausstatistiken, die in Essen aufgestellt worden sind.

Es ist wahr, daß es gestaffelte Rationen gibt und daß die Bergleute obenan stehen. Die Schwerstarbeiterzulage bekommt aber nur der Bergmann, und er bekommt sie in der Zechenkantine, damit er sie nicht mit seiner Frau und seinen Kindern teilt. Der Bergmann besteht aus verständlichen Gründen darauf, seine Rationen zu teilen. Aber das würde ihn weniger brauchbar für die wichtigste Arbeit machen, die es in Europa zu leisten gibt. Es ist nicht genug da, um seine Kinder an seiner privilegierten

Stellung teilnehmen zu lassen, und so zieht es der Bergmann vor, der Zeche fernzubleiben und auf die Hamsterfahrt zu gehen. Im Dezember, als die Straßenbahner von Wuppertal einen Streik erwogen und der Bürgermeister schließlich, ohne die englische Militärregierung zu fragen, städtische Vorräte freigab, waren sie schon einige Tage lang mit einer Mohrrübe in der Tasche ausgefahren.

Daß es auch in kleinen Städten, wie Herford, Bielefeld etc., zusehends schlimmer wird, lehrt jeder Besuch, den man solchen Städten nach einigen Monaten Abwesenheit macht.

Was endlich die Erhöhung der Rationen auf 1550 Kalorien angeht, so muß gesagt werden, daß man sich davon kaum eine Besserung versprechen konnte. Die meisten Leute haben ihre Rationen immerhin auf dieses Niveau gebracht, da sie mit Geld und Gegenständen ihres Haushaltes immer ein paar hundert Extrakalorien zusammengebracht haben. Nun wird das Geld knapp, und die Haushaltungen sind ausgeplündert. Es bleibt also für den Arbeiter und Angestellten wesentlich beim alten.

Der anglo-amerikanische Plan will im Laufe von drei Jahren die Rationen langsam auf 2300 Kalorien steigern. Das ist, wie ein deutsches KPD-Blatt es nennt, »geplanter Hunger«, und nachdem man zuerst von »*dem* schlimmen Winter 1945« gesprochen hat, gesteht man jetzt, daß man den ihrer Reserven entblößten Körpern noch Jahre der Unterernährung zumuten muß, mit dem Ziel einer Ernährung, die immer noch beträchtlich hinter dem zurückbleibt, was die Ärzte als unerläßlich ansehen.

Ich will nicht von Haushaltsgütern, Schuhen, Kleidung (besonders Kinderschuhen), Heizung, Kochgas sprechen, um nicht den Eindruck zu erwecken, als beabsichtige ich, für deutsche Kinder Mitleid zu erregen. Man hört ja oft sagen, daß es diese Kinder sind, die automatisch in 20 Jahren so handeln werden wie ihre Väter, mit denen man nach dem letzten Krieg Mitleid hatte. Wenn dem so ist, so ist die Kur, der man sie jetzt unterwirft, geeignet, diesen ihnen natürlichen Automatismus aufs kräftigste zur Wirkung zu bringen.

6

Reeducation

Potsdam ist also der Stein, der jedem Versuch einer Neu-erziehung, jedem Versuch, das Vergangene zu erkennen, zu wägen und irgendwie damit fertig zu werden, im Weg liegen mußte.

Was von offizieller englischer Seite in dieser Richtung versucht worden ist, ist im wesentlichen negativ. Ich er-wähnte die Ausmerzung der alten Bücher und – auch noch negativ, wie man sagen muß – die Herstellung neuer. Man ist da in großer Verlegenheit, denn da man »Nazismus, Racismus, Militarismus« ausmerzen will, so hat man sich in der Tat ein weites Feld zu jäten vorge-nommen. Sind nicht einige der deutschen Volksmärchen entschieden grausam? Solche zweifelhaften Produkte läßt man lieber verschwinden, und nichts ist so rosenrot und mondscheinmild wie die neuen Bibeln. Geschichte ist auf jeden Fall ein Gebiet, wo Gefahren an jeder Ecke lauern, und so läßt man es bis dato ganz aus: Das deutsche Schul-kind lernt keine Geschichte. Das beste ist gewiß Kultur, aber das ist etwas für die Oberstufe. Man darf sogar den Nationalstolz sich an Beethoven und Kant erwärmen las-sen, solange man nur Friedrich den Großen draußen hält. Aber selbst Kultur ist kein so unzweischneidig Schwert, und eine Lehrerin, die »Maria Stuart« lesen lassen wollte, klagte mir ihr Leid, daß die Kollegen ihr denn doch entschieden davon abgeraten hätten, es sei denn, sie könne das Stück in einer gewissen gereinigten Ausgabe erhalten; anderenfalls sei da die Gefahr, daß die englische Königin in einem von der Besatzungsmacht durchaus nicht erwünschten Lichte erscheine. Als sie gar den »Kaufmann von Venedig« in Vorschlag brachte, kam sie der Entlassung nahe. »So schön ich es finde«, meinte sie, »es muß ja nicht *immer* ›Nathan der Weise‹ sein.«

Und wie ist es mit neuen Büchern? Da ist zuallererst zu sagen, daß es ihrer herzlich wenig gibt. So seltsam es klingt, wenn man »Papierknappheit« von einer Seite erwähnen hört, die in Formularen, Rapporten, kurz, in einer papierfressenden, Zeit und Geist mordenden Bureaukratie Orgien feiert – der Fragebogen für die Denazifizierung allein ist ein Büchlein von zwölf Seiten Stärke –, so wird doch diese Papierknappheit als Grund angegeben für die in der englischen Zone herrschende Unterproduktion an Büchern und Zeitschriften. An Zeitschriften ist mir einzig eine Art Reader's Digest in die Hände gefallen, der recht amüsant ist. Zum Beispiel fand ich da zu einer Zeit, als Bevin längst seine Novemberrede über Palästina gehalten hatte und die Kommission sich vorbereitete, um über die Zulassung von 100 000 D.P.s zu befinden, einen ausführlichen Aufsatz von Lowdermilk über die geplante Entwicklung durch Bewässerung, die vier Millionen Juden eine Heimstätte in Palästina geben würde. Der deutsche Leser sollte offenbar den Eindruck gewinnen, daß diese Pläne unmittelbar vor der Ausführung stünden, und daran konnte er sehen, wie man in einer Frage verfährt, die die Deutschen grob und phantasielos in den Gaskammern lösen wollten. Später allerdings, als man in den Zeitungen von den Unruhen in diesem Lande mehr hörte, fühlte sich die erste illustrierte

Wochenzeitung in der Zone, die »Neue Illustrierte« in Köln, angeregt, einen kurzen Bildbericht zu geben, in dem die Forderungen der Juden im wesentlichen als »Politik« abgetan wurden. Der Aufsatz enthielt die Feststellung, daß England während des Krieges nach England (oder war es Palästina? es ist beides falsch) 250 000 Juden zugelassen habe, und auch die, daß Herzl in seinem Schmerz, daß Uganda abgelehnt wurde, seinem Leben ein Ende gemacht habe.

Soweit die Zeitschriften in der britischen Zone. Über die neuerschienenen Bücher kann ich keine genauen Angaben machen. Meist sind es kurze Schriften zur Zeitgeschichte, vorwiegend geistlichen Inhalts oder Berichte aus dem KZ. »Schreibe ein Buch: ›Blechmarke no. 57436‹, schreibe es als eine ›Ich-Geschichte‹ und verlege sie nach Mauthausen«, hörte ich einen Verleger einem jungen Schriftsteller raten. »Du kannst sicher sein, es wird gedruckt.« Freilich, ein so außerordentliches Buch, wie Irmgard Littens »Eine Mutter gegen Hitler« (A mother fights Hitler), das ursprünglich deutsch geschrieben worden ist, ein Buch, in dem nicht die Mißhandlungen die große Rolle spielen, sondern die menschliche Tragödie und mehr noch die Beschreibung der Gestapo-Bureaus und der zweiten Garnitur der großen Männer, ist nicht in Deutschland erschienen; vermutlich, weil diese Mutter, die ihren Sohn nicht retten konnte, heute in England herumreist und die These vertritt, das deutsche Volk in seiner Gesamtheit sei *nicht* schuldig. Neben Aktualitäten gibt es allerorten kleine Auswahlen aus Heine, und so sehr ich den Dichter verehre und so viele Deutsche sich heute wieder mit aufnahmebereitem Herzen in den Heine vertiefen, so meine ich fast, daß geistige Nahrung anderer Art dringender ist. Heine war auch wohl der

Mann nicht, sich von der Zensur dem deutschen Volk präsentieren zu lassen.

So macht die Hauptbuchhandlung Düsseldorfs einen recht leeren Eindruck. Zuweilen kommt eine Neuerscheinung aus Berlin, München, Stuttgart oder Freiburg herein und ist sofort vergriffen. Düsseldorf erhält nur 20 Exemplare solcher Ausgaben. »Ich weiß, warum Sie kommen«, sagte die Verkäuferin bei Schrobsdorff. »Sie wollen den Briefwechsel Thomas Mann – Frank Thieß. Wir hatten ihn. Sie wollen außerdem die ›Moabiter Sonette‹ von Haushofer. Wir hatten sie. Und dann wollen Sie den ›Abschied von der bisherigen Geschichte‹ von Weber. Da hatten wir sieben Exemplare. Nicht wahr, ich habe doch recht.« Sie hatte immer recht und konnte weder mir noch den wichtigeren deutschen Kunden helfen. Was also liest man in der britischen Zone? Man liest die alten Bücher noch einmal; und da die alten Bücher, nach der Ausmerzung der ganz alten Bücher durch die Nazis die von Kolbenheyer, Johst, Binding und Grimm sind, so bleibt man, wo man war, und leiht diese Lieblinge auch den englischen Freunden, die gern etwas Deutsches lesen: Wenn der, der zu sagen hat, nicht selber etwas Neues fördert, so ist er in Gefahr, der Propaganda seiner Mündel zu erliegen. Dies allerdings – etwas Neues zu fördern – ist nicht so leicht getan wie gesagt. Wenn es nur einer schärferen Zensur bei den Deutschen bedürfte: Aber, ach, sie geben wieder einmal mehr, als man von ihnen erwartet. Es hat ein »Umbruch« stattgefunden, ich weiß nicht der wievielte zu meinen Lebzeiten, und wenn Hitler sagte »14 Jahre Marxismus« und alle nach ihm sich beeilten, 14 Jahre aus der deutschen Geschichte auszuschneiden, obwohl doch manches in jedem Sinne Gute auch in diesen 14 Jahren stattgefunden haben muß, so sind es heute

»die vergangenen zwölf Jahre«, die man in den Müllkasten wirft, seit man wagt, den Mund aufzumachen (ja,
man wagt ihn nur mit dieser Formel aufzumachen); und
gar seit man schreibt ... Daß das deutsche Volk nicht begreift, daß man so nicht leben kann, wenn man alle zwölf
Jahre sich der letzten zwölfe schämt! Es war schon leicht
peinlich, daß man zu Anfang kein Konzert hören konnte,
in dem es nicht mindestens einen Mendelssohn gab,
wenn nicht gar einen Mahler oder Tschaikowsky, aber was
ist diese kleine Schmiererei verglichen mit der Presse und
den Reden. Offenbar merkten die Leute selbst nicht, daß
diese Verdammungsformel, diese Captatio malevolentiae,
in vielen Fällen inhaltslos war, wie man denn Nazi-Leh-
ren reinsten Wassers finden konnte, die mit solchem pa-
thetischen Ausspeien eingeführt wurden. Vielleicht hat
die Verschlechterung der Lage seit Potsdam doch schon
einiges dazu beigetragen, hier das Schlimmste zu beseiti-
gen. Heute sagt man bereits, und am meisten in den ehrlichen Blättern der SPD, »Hitler war schlimm, aber ...«,
und es steht zu hoffen, daß selbst diese Captatio malevolentiae in Fortfall gerät und die ungeschminkte Kritik übrigbleibt.

Es ist ja bekannt, daß niemand Nazi war, und ganz besonders ist niemand je für die Judenverfolgungen gewesen. Dies sagt man nicht etwa nur mir; man kann es in
der Presse lesen, und besonders über den letzten Punkt
wird der »arische« englische Offizier die gleichen Beteuerungen empfangen. Die Deutschen erzählen das auch
einander – und sogar sich selbst ... Dieser ehrliche Selbst-
betrug ist in vielen Fällen einfach Folge einer falschen
Definition: Wenn nämlich Nazi sein heißt, den ganzen
Tag in einem braunen Hemde herumzulaufen, aus vol-
lem Herzen »Sieg Heil!« zu brüllen (und nicht nur »ge-

zwungenermaßen« Heil Hitler!) und, die Arme in die
Seite gestemmt, vergnügt zuzusehen, wie man den Rabbi
in den Graben stößt, nun, dann sind in der Tat nicht viele
Leute Nazis gewesen. Wenn »Judenverfolgung« heißt, die
»Endlösung« in Polen zu befürworten oder gar aktiv zu
betreiben, so darf wohl die überwältigende Mehrheit für
sich in Anspruch nehmen, dagegen gewesen zu sein. Es ist
aber keineswegs selten, von solchen Nicht-Nazis und Gegnern der Judenverfolgung Dinge zu hören wie diese:
»Daß England stets ängstlich darüber gewacht hat, daß
Deutschland nicht zu dem Seinen kommen soll, nun, das
ist wohl klar. Der Krieg war unvermeidlich, es sei denn,
wir hätten freiwillig auf unser Lebensrecht verzichtet«,
oder: »Wenn England sich nicht bald entschließt, die guten Elemente im deutschen Volk zu benutzen, um einen
Damm gegen die Diktatur der asiatischen Barbarei aufzurichten, so werden die Russen demnächst am Rhein sein;
und ob das in Englands Interesse ist? ...« – »Präventiv-
krieg, meinen Sie?« erwiderte ich. »Aber ist Ihnen nicht
aufgefallen, daß England den Begriff des Präventivkriegs
nicht kennt? Hätte es ihn gekannt, hätte es wohl so lange
zugesehen, was in diesem Land gespielt wurde?« »Eben«,
ist die Antwort, »damit hat es auch nicht nur einen politischen Fehler gemacht, es hat sich sogar mit einem guten
Teil der Schuld beladen, die man uns heut allein zuschie-
ben will. Und wenn es zum zweiten Mal versagt, gegen
eine Herrschaft, die mindestens so schlimm ist wie das
Nazitum – *ich* meine, weit schlimmer, denn schließlich
sind diese Leute *Russen* und wir waren doch wenigstens
Deutsche –, nun, so wird es verspielt haben.«
   Zur jüdischen Frage kann man hören: »Als ich Medizin
studierte, da war es unmöglich für einen Deutschen, eine
Professur an einer deutschen Hochschule zu bekommen.

Es gab nur jüdische Professoren. Ist denn das recht? Ich bin gewiß gegen Folterungen, Erniedrigungen oder gar Massenausrottung. Die Juden sollten nur von Deutschland weg. Aber glauben Sie ja nicht, ich sei Antisemit! Als am 9. November ... (etc.)«

Ich muß indessen darauf bestehen – denn man kann in diesem Punkt nicht vorsichtig genug sein –, daß die angeführten Meinungen keineswegs als »*die* Haltung *der* Deutschen« bezeichnet werden dürfen. »Die Haltung der Deutschen« ist eine Formel, die der Wirklichkeit entbehrt, denn wie wollte man die Niemöllers, Schumachers, Maria Sevenichs, Wulles auf einen Nenner bringen. Was man mit einiger Wahrheit sagen kann, ist dies: daß die große Mehrheit des Volkes einen moralischen Stoß erhalten hat, der sie veranlaßt zu rufen »Es war alles falsch, *all-les falsch!!!!!!*«, und daß sie nach dem hingehaltenen neuen Wort greifen wie nach einer Planke im Schiffbruch oder, um es den Unfreundlichen unter uns recht zu machen, wie nach einem neuen Mäntelchen, das die Blöße bedecken soll, die nach dem Herunterreißen des braunen Hemdes sichtbar wurde. Aber dies neue Wort »Demokratie« ist bis dato inhaltsleer, und wohin sie auch blicken, so werden die Deutschen nicht viel sehen, was man auf dieses Wort beziehen könnte. Sie haben einen Stoß bekommen, es war ihnen eine ganze Weile davon dumm im Kopf, und da sie sich umsehen, finden sie nichts als ein Wort und schreiben es als neuen Titel über die alten, noch halb geglaubten Inhalte.

So fragt man denn die Besatzungsmacht: »Wo ist denn nun die Demokratie? Wie sieht sie aus? Kann man sie essen?« Essen kann man sie offenbar gar nicht, man kann aber auch nicht dafür hungern, was immerhin noch ein Ziel wäre. Man hat auch nicht die Erlaubnis, die freie Verantwortung zu übernehmen, die der Inbegriff dieser Demokratie sein soll. Man kann allenfalls in Jugendheimen, Schulen – oder auch in Parlamenten (wir kommen noch darauf) – demokratische Erziehungsspiele veranstalten, deren Unwirklichkeit keinem entgeht. Was ist die Aufgabe, die die Besatzungsmacht sich gestellt hat? Es ist eine dreifache: Sicherung, Wiedergutmachung und Neuerziehung. Soweit es sich um Sicherung und Wiedergutmachung handelt, gilt das Recht des Siegers; für die Neuerziehung beruft man sich auf das Menschenrecht. Und sobald man nur versucht, diese Unvereinbaren zu verbinden, dreht man sich im Kreise. »Wenn ihr euch erst als demokratisch erwiesen habt«, sagt man, »so werden wir euch eigene Verantwortung geben.« »Ohne Verantwortung«, erwidern die Deutschen, »kann man Demokratie nicht einmal lernen.« Hört man einen englischen General zu einer deutschen Versammlung sprechen, so meint man, es spräche ein Befreier und politischer Pädagoge. Liest man die nächste Verordnung über Rationen, Requisitionen, Demontagen, so weiß man, daß man unterworfen ist. Was Wunder, daß Deutsche den Erzieher und Schutzherrn beim Wort nehmen und ihm sagen: »Aber unter Adolf ging's uns besser.« Was Wunder, daß andere Deutsche nur einen Machthaber vor Augen sehen, der verlogen genug ist, von Erziehung zur Demokratie zu reden.

Der Widerspruch zwischen den Aufgaben, die die Besatzungsmacht sich gestellt hat, macht auch die Arbeit des einzelnen Organs dieser Macht fragwürdig. Deutsche Politiker wie Schumacher haben den ausführenden Organen vorgeworfen, sie trieben auf eigene Faust »eine antibritische Politik« und »sie wüßten offenbar noch immer nicht, daß in London eine Labour-Regierung am

Ruder ist«. Ohne an dieser Stelle schon auf die Haltung des Tory-Colonels einzugehen, der sich mit deutschen Tories umgibt und sich von ihnen seine örtliche Politik vorschreiben läßt, ohne die Fälle von Korruption, Mißwirtschaft, Ungerechtigkeit in Abrede stellen zu wollen, die vorgekommen sind, wie sie in solchen Verhältnissen immer vorkommen, glaube ich doch sagen zu dürfen, daß dieser Vorwurf an der eigentlichen Schwierigkeit vorbeizielt. Eher ist das Gegenteil richtig, daß nämlich der einzelne Offizier in seinem Willen, das Wohl der ihm Anvertrauten zu fördern und durch Tat und Haltung schließlich auch zu jener Erziehung beizutragen, von der so viel die Rede ist, durch die große Politik daran gehindert wird. Auf allen Stufen der Control Commission begegnet man solchen tätigen, hilfsbereiten Offizieren, deren letztes Wort doch immer ist, »aber ich darf ja nicht«. Da ist ein Tory, Geschäftsmann, dem der Zufall die Aufgabe zugeteilt hat, die Entwicklung der deutschen Cooperativen zu überwachen. Der Auftrag hat ihn gefangengenommen. Stundenlang kann er davon erzählen, wie viele Läden »wir« bereits im Regierungsbezirk Aachen haben, welche Schwierigkeiten »die Reaktion unserem Wirken bereitet«. Mit seinem zivilen Assistenten, einem deutschen Juden, tut er Gutes, *soweit er darf.* Da ist der Major, der sich mit der Jugendbewegung zu beschäftigen hat. Er lebt in Vlotho im Jugendhaus, und ein Blick in eine Versammlung zeigt, daß er Vertrauen genießt. Der Mann lebt mit den Jungen, lernt, erzieht – in seinen Grenzen; denn freilich gibt es nur allzu viele Fragen, auf die es keine Antwort gibt, und die Grundlage der politischen Neuerziehung ist fragwürdig, solange man nicht auf ein größeres Beispiel hinweisen kann als auf das Einzelner, die ihr Bestes tun. Man kann es nicht leugnen: Der Soldat und der Verwalter stehen dem deutschen Volk mit schlechtem Gewissen gegenüber. Und während die Einzelnen in ihrem Bemühen fortfahren, mahlen die Räder der Denazifizierungsmaschine und zeigen die fragwürdige Kombination von Sicherung, Bestrafung und Neuerziehung in nuce.

7

Denazifizierung

Der erste Schritt war leicht: Die Militärregierung war kaum eingesetzt, als sie politische und Kriegsverbrecher, über die man Listen besaß, sowie Leute aus allen Gliederungen der Partei in Konzentrationslager sperrte.

Zum zweiten handelte es sich darum, die zivile Verwaltung, die man brauchte, die Schulen, die man wieder eröffnen wollte, die Polizei, die Kirche etc. von den alten Kräften zu säubern und mit genehmen Männern zu besetzen. Da die Besetzung gerade der höheren Posten, wie Landrat oder Bürgermeister, sofort nach der Okkupation getätigt werden mußte, so wußte man freilich, daß man sich in vielen Fällen vergriff. Der Mann durfte nur kein Nazi sein, das heißt kein Mitglied der Partei; und wie viele gute Nazis wurden da zu Bürgermeistern gemacht, die aus dem einen oder anderen Grunde kein Parteibuch besaßen. Der Fall eines Oberbürgermeisters hat ein Jahr lang böses Blut gemacht. Ich kannte den Mann. Er *war* ein Nazi, aber da er zugleich Freimaurer war, so hat die Partei ihn dreimal abgelehnt, und das war nun sein Glück. Der Major, der von Besatzungsseite das Stadthaupt war, fühlte sich also völlig beruhigt und geriet bald unter den Einfluß des tüchtigen Mannes, der aus dem gleichen Lebenskreise stammte wie er selber. Ich traf den Bürgermeister das erste Mal, als er für die Arbeiten der Besatzung einen technischen Berater zu ernennen hatte. Der Vorgeschlagene war ein Mitglied der Partei. »Herr Bürgermeister«, sagte ich, »die Ernennung ist Ihre Sache. Ich darf Ihnen da nicht reinreden. Aber empfinden Sie selbst es nicht als unstatthaft, heute wieder ein Parteimitglied an eine Stelle zu bringen, wo er Orders geben, Ausschreibungen machen, die eine Firma fördern und die andere übergehen kann, kurz, an eine Stelle von Autorität und Einfluß?« Er sah mich unter buschigen Brauen von unten her an. Ich hatte zum ersten Mal in Deutschland den Eindruck, einem Feinde gegenüberzustehen. Allmählich lernte ich die Leute kennen, die in der Verwaltung eine Rolle spielten: die Stadträte der verschiedenen Ressorts, die Angestellten der Militärregierung, die dem Bürgermeister ihren Eintritt verdankten, den Dolmetscher des Majors, der den wichtigsten Posten im Hause innehatte, einen ungemein zuvorkommenden, bieder beflissenen jungen Herrn. Sie waren alle Nicht-Nazis und gute Nazis zugleich. Der Wiedergutmachungsausschuß für die rassisch und politisch Verfolgten führte daneben ein mehr als kümmerliches Dasein. Ich nahm Gelegenheit, den Major darauf hinzuweisen, und war unvorsichtig genug, den Oberbürgermeister als einen Einfluß zu erwähnen, der sich wohl hemmend in Angelegenheiten des Ausschusses fühlbar machte. »Sie irren vollkommen«, sagte der arglose Major, »ich, *ich* wollte diesen fragwürdigen Ausschuß auflösen, nachdem er sich Übergriffe hatte zuschulden kommen lassen. Der Bürgermeister wies mich darauf hin, daß man das doch nicht tun könne.« Der Bürgermeister war kein Narr.

Denazifizierung wurde damals so durchgeführt: Vor jeder Ernennung hatte der Kandidat einen Fragebogen auszufüllen, in dem die verschiedenen Gliederungen der

Partei und angeschlossenen Organe, wie Deutsche Arbeitsfront etc., erwähnt waren. In manchen Fällen konnte man die Eingaben prüfen, da nämlich die Nazis ihre Parteiarchive nicht immer zerstört hatten. Und dann hatte man das Mittel der Denunziation. Falsche Angaben wurden streng bestraft. Immerhin kam eine ganze Anzahl gewesener PGs in Amt und Würden, während gleichzeitig Leute entfernt wurden, denen man nichts zur Last legen konnte, als etwa daß sie dem NSKK, dem Nationalsozialistischen Kraftfahrerkorps, angehört hatten. Eines Tages kam die Dolmetscherin einer der Compagnien, die ich baulich zu betreuen hatte, zu mir und bat mich, ihrem Vater zu helfen. Der Vater sei ein sehr interessierter Lateinlehrer gewesen und habe sich in den NS-Latein-Fachverband eingeschrieben. Sonst liege nichts gegen ihn vor, und seine politische Unbescholtenheit sei stadtbekannt. Er war entlassen worden. Ich brachte öfter in den nächsten Tagen das Gespräch auf diesen Herrn und erhielt jedesmal die Antwort: »Debusmann? Der muß jetzt große Chancen haben, denn er hat sich ja bei seinen Vorgesetzten und bei den angesehenen Bürgern der vergangenen Zeit recht unbeliebt gemacht mit seinen Reden von Liberalität und demokratischer Erziehung.« Als ich ganz sicher sein durfte, ging ich zum Major. »Gewiß, ich weiß«, sagte er. »Wir haben mehr als eine Ungerechtigkeit in dieser Sache auf dem Gewissen, und der Fall D. ist eine von ihnen. Es mußte alles so schnell gehen. Aber nun sind seine Akten bei einer höheren Dienststelle in Düsseldorf, und ich kann da gar nichts mehr machen.«

Diese Denazifizierung, von der Armee durchgeführt, war schleppend und ungerecht, und als besonderer Mangel wurde es empfunden, daß das deutsche Element dabei nur in der Form der Denunziation mitwirkte. Wie haben sie einander gequält, bedroht, verraten! Welche dunklen Intriguen verpesteten die Luft! Die Abgesetzten fühlten sich zu Unrecht herausgeworfen und suchten nun nach solchen, die mehr belastet waren, aber noch in Amt und Würden, um sie ihrerseits anzugeben. Die Antifaszisten sahen Nazis in allen kurulischen Sesseln, und die »guten Elemente«, die sich bald die Christen nannten und oft nichts anderes waren als die belasteten Bürgerlichen, sahen in jeder Absetzung eine Ungerechtigkeit und fürchteten ständig ihre eigene. Eine besondere Schwierigkeit lag in der Klausel, daß die Denazifizierung nicht auf Kosten der »efficiency« durchgeführt werden sollte. Da war denn jeder deutschnationale Landrat oder Fabrikherr unentbehrlich. Und er konnte das sogar mit einem gewissen Recht sagen, denn wenn man zwölf Jahre lang alle Liberalen von den Ämtern und der Leitung der Wirtschaft fernhält, wie will man da gleich genügend liberale Leute finden, die die Ämter ausfüllen könnten. Hier zeigte sich nun die Wichtigkeit jenes Schlüsselpostens: der Sekretärin des Herrn Obersten. »Warum beklagt ihr euch?« fragte ich einen Gewerkschaftler in einer kleinen Stadt Westfalens, als er mir diese Verhältnisse schilderte. »Warum habt ihr nicht längst den Oberst auf diese Dinge aufmerksam gemacht? Ich kenne den Obersten, und seine größten Feinde müssen ihm lassen, daß er sich bemüht, fair zu sein.« »Gewiß«, meinte mein Freund, »der Oberst ist fair. Wir haben nichts gegen den Oberst. Aber als ich das erste Mal nach der Besetzung mit meinen Freunden aufs Rathaus ging, sah ich im Vorzimmer des Obersten Fräulein X sitzen. Fräulein X spricht fließend Englisch, wir nicht. Und Fräulein X ist sehr hübsch. Zudem wohnen ihre Eltern in einer Villa außerhalb der Stadt, und kann man es dem Obersten verargen, wenn er im fremden Lande bei seiner schweren Arbeit kultivierte Geselligkeit schätzt? Als ich Fräulein X im Vorzimmer sah, da wußte ich: Wir Eisenbahner haben hier nichts zu melden.«

Nach dem ersten Winter fand man, es sei nachgerade an der Zeit, die Denazifizierung schrittweise deutschen Händen anzuvertrauen. Man ernannte in jedem Kreise einen Ausschuß, der die ganze Arbeit noch einmal vorzunehmen hatte. Der Ausschuß sollte aus entschiedenen Antifaszisten zusammengesetzt sein oder zumindest aus Nicht-Nazis. Er sollte, von der Verwaltung und der Polizei angefangen, eine Klasse der Bevölkerung nach der anderen durchgehen und gründliche Arbeit leisten. Es standen ihm für jede Sparte der Bevölkerung Unterausschüsse zur Verfügung. Damit aber die Kontrolle doch der Besatzungsbehörde verblieb, hatte diese die letzte Entscheidung über jeden Fall. Es wurden vier Kategorien aufgestellt: Entweder war der zu Prüfende völlig sauber oder ein ausgesprochener »Nazi oder Militarist«; oder er gehörte einer der beiden Zwischenstufen an, das heißt, er war nicht eben so schlimm, daß er entfernt werden mußte, oder er war immerhin so belastet, daß Entfernung empfohlen wurde. Zu diesen letzten Kategorien gehörten weitaus die meisten. Die Besatzungsbehörde nun hatte sich das Recht vorbehalten, die Urteile des Ausschusses zu ändern, ohne Angabe des Grundes. Und da neben der Meinung der Behörde über die zu große Milde oder Strenge in jedem Fall auch weiter das Kriterium der Unentbehrlichkeit wirksam blieb, so waren die Möglichkeiten der Ausschüsse beschränkt. Der Ausschuß hatte eine Empfehlung zu geben, ob jemand im Amte bleiben (oder angestellt werden) konnte oder ob er zu gehen habe; das heißt, das Befinden des Ausschusses erhielt oder zerstörte eine Existenz. Es wurde ihm nicht die Freiheit gegeben, etwa einen Mann, der für den Posten eines Schuldirektors untragbar war, doch als Lateinlehrer zu halten; oder einem Pensionär seine Pension nicht völlig zu nehmen, sondern sie entsprechend zu kürzen. Das machte viele Ausschüsse geneigt, nach der milden Seite vom Recht abzuweichen. Aber dann konnte es bald geschehen, daß die Behörde der Besatzungsmacht das Vertrauen in die Arbeit des Ausschusses verlor und seine Urteile stets auf die nächsttiefere Stufe herabsetzte.

Da sich der alte Fragebogen als unzureichend erwiesen hatte und besonders die Leute ausließ, die man als »Militaristen« bezeichnete, so hatte man nun den deutschen Ausschüssen ein Instrument in die Hand gegeben, das an Gründlichkeit nichts zu wünschen übrigließ. Das Schriftstück umfaßte zwölf Seiten, und es war da die Frage nicht etwa nur nach den Gliederungen der Partei und angeschlossenen Organisationen, sondern nach Stahlhelm, Verein für Deutschtum im Ausland und so weiter; und schließlich wurde noch ein bedeutender Platz für »Andere« freigelassen. Ein Auszug aus der Vermögensangabe von 1932 bis 1945 mußte gegeben werden, damit man jemanden erwischen konnte, dessen Einkünfte sich seit 33 oder einem der folgenden Jahre plötzlich bedeutend erhöht hatten. Ferner fragte man, ob ein naher Verwandter des Gefragten einer der unter Paragraph soundso angeführten Organisationen angehört hatte, was denn doch dem nationalsozialistischen Grundsatz der »Sippenhaftung« recht nahekam und den Geprüften zum Denunzianten der Seinigen machte. Die Fragen gehen in die Hunderte, und der Volkswitz hat noch zwei hinzugefügt:

173: Haben Sie als Junge mit Bleisoldaten gespielt?

173a: Wenn ja, mit welchen Regimentern?

174: Sind Sie nach den zwölf Jahren noch am Leben?

174a: Wenn ja, warum?

Um ganze Arbeit zu leisten, wurde angeordnet, daß die Prüfung bis auf den Vorarbeiter der DAF in den Fabriken und die entsprechende Stufe in anderen Teilen der Wirtschaft oder Verwaltung herunterzugehen hatte, und da fand sich dann wirklich jeder unter dem Damoklesschwert, der irgendwie irgendwann mit irgend etwas zu tun gehabt hatte. Allgemeine Unsicherheit war die Folge, und sie wirkte sich lähmend in der ohnehin gehemmten deutschen Wirtschaft aus. Aber man versprach, oder vielmehr man forderte rasche Arbeit. Im April begannen die Ausschüsse ihr Werk, und bis Mitte September, zu den Wahlen, sollte die Prüfung durchgeführt sein; denn es war wichtig festzustellen, wer schließlich wahlberechtigt sein würde (Nazis und Militaristen durften nicht wählen). Die Sache ging in die Hunderttausende, und gleich zu Anfang zeigte sich, daß man der selbstgestellten Aufgabe technisch nicht gewachsen war: Es wurde nur ein Bruchteil der erforderlichen Fragebogen ausgegeben. Die Fragebogen (einzureichen in dreifacher Ausfertigung) wurden in England gedruckt, und Nachdruck in Deutschland war verboten. Einige Ausschüsse halfen sich, indem sie örtlich nachdrucken ließen, und mancher Kreiskommandant drückte dabei ein Auge zu. So entstand dann an manchen Orten ein Handel mit Fragebogen, die mit 25 Mark auf dem schwarzen Markt verkauft wurden, und die Leute drängten sich mit ihren fertig ausgefüllten Dokumenten vor der Türe des Ausschusses und wollten in Gottes Namen schon denazifiziert sein. Der Ausschuß mußte das ablehnen. Er hatte zuerst die Gerichte, dann diese, dann jene Klasse zu erledigen und konnte außer der Reihe niemanden behandeln. Zuweilen wurden auch die Befehle geändert, und der Ausschuß, der schon halb durch die Polizei hindurch war, mußte am anderen Ende der Liste neu beginnen. Ein Ausschuß hatte die Kühnheit, gewisse Angestellte der Militärregierung vorzuladen, die von außerhalb des Kreises gekommen waren, die man örtlich also nicht kannte. Es kam nicht dazu. Die Sekretärin des Obersten war auch hier der Stein, an dem das Recht zerbrach. Endlich wollten gewisse Korporationen, wie der Richterstand, die Kirche, die Eisenbahn, ihre Angestellten selbst denazifizieren und nicht dem Urteil des Kreisausschusses unterwerfen; ein gefährliches Verlangen, dem dennoch besonders im Falle der Kirchen entsprochen wurde. Im April setzte sich die schwerfällige Maschine, stockend und knirschend genug, in Bewegung. Im Juni besuchte ich die Ausschüsse aller Kreise eines Regierungsbezirks in Westfalen. Die Schwierigkeiten, die oben erwähnt sind, erfuhr ich da bald im Einzelnen. Die Ausschußleute gaben stets nur ein kurzes Lachen auf die Frage zurück: »Und im September werden Sie fertig sein?« Ein einsichtiger Oberst machte mir klar, was dieses langgezogene Geschäft für ihn und seinen Kreis bedeutete: »In Dörentrup«, sagte er, »gibt es nur eine Halle, in der man sich zu Kino, Tanz und Versammlungen treffen kann. Sie gehört einem der Bauern. Ich muß warten, bis der Mann ›durch‹ ist, ehe ich ihm die Lizenz erteile, die Halle zu benutzen. Aber natürlich befindet er sich in einer der letzten Gruppen für die Prüfung. Die Fragebogen kommen nicht, wir haben soweit 500, das heißt für nicht ganz 200 Fälle, da jeder in dreifacher Ausfertigung eingereicht wird. Ich darf auch keine drucken lassen. Die Lizenz kann ich auf keinen Fall geben. Nichts ist leichter, als eine solche Halle zu unerwünschten Versammlungen zu benutzen. Ich muß ganz genau wissen, in wessen Händen der einzige Versammlungsraum des Dorfes ist. Aber da es der einzige Versammlungsraum des Dorfes ist, so wird für dieses Jahr zumindest Dörentrup keine Unterhaltung haben, und die Dörentruper werden das nicht gern haben. Und das, lieber Leutnant, ist nur ein Fall und nicht eigentlich ein schwerer. Wir haben aber schwere Fälle. Da sitzt ein Herr in meinem Kreis, den Sie kennen werden. Er sitzt auf seinem Gut in Rohbraken und bewohnt eine Villa von 50 Zimmern. Aber da er ein alter Mann ist und sich um keine irgendwie geartete Genehmigung bewirbt, auch kein Amt innehat oder Geschäft betreibt, so kann ich ihm nicht einmal zumuten, einen Fragebogen auszufüllen. Sein Name ist Alfred Hugenberg. Sie müssen sich nicht wundern, lieber Leutnant, daß es der Deutsche nicht recht fassen kann, warum der Vorarbeiter Müller aus der Weberei in Oerlinghausen schippen gehen kann, weil er Vormann in der DAF war, während Herr Hugenberg friedlich in Rohbraken sein Pfeifchen raucht.«

Während man sich so in den Klein-Industriestädten des Bezirks mit den Schwierigkeiten der Sache herumschlug, entbehrte das Bild in den rein ländlichen Kreisen nicht eines idyllischen Reizes. Da fand ich in einem Kreis alle Urteile des Ausschusses von der Besatzungsbehörde um einen Grad herabgesetzt, und auf meine Frage, warum das geschehen sei, erfuhr ich: »Wenn Sie den Ausschuß gesehen haben, werden Sie verstehen, warum.« Ich fand in dem Vorsitzenden einen behäbigen alten Herrn mit Schnauzbart, ein langjähriges Mitglied des Kriegervereins, des Vereins für Deutschtum im Ausland, des Reichskolonialbundes. Die Mitgliederliste, die er mir präsentierte, enthielt noch vier andere wie ihn. Im ganzen waren sie neun. Er begann damit, daß er mir erklärte, es habe nie Nazis im Kreis gegeben. Der einzige, der einer war, der frühere Bürgermeister des Hauptorts, sei von außerhalb dorthin geschickt worden, um dear old Dingsda zu verderben, und das sei ihm auch beinahe gelungen; aber nun sei das ja vorbei. Ich tat einen Blick in die Liste der Geprüften und fand, daß man einen SA-Mann – Mitglied seit 1932! – als beinahe einwandfrei erklärt hatte. Kein Wunder, daß die Behörde die Urteile von dieser Stelle grundsätzlich um eins heraufsetzte. »Der Mann«, begann der Präsident, der meinen Gesichtsausdruck beobachtete, »der Mann war nie mit dem Herzen dabei. Wir kennen den Mann. Darum, weil wir die Menschen kennen und gerecht prüfen können, darum hat man ja die Ausschüsse in den Kreisen konstituiert. Wir wissen, wie der gefühlt hat, und auch, was er so mitunter im Freundeskreise gesagt hat. Und nun kommen Ihre Leute und ruinieren eine Existenz, ohne genaue Kenntnis des Falles, den sie doch uns überlassen sollten.« – »Ich achte Ihr Verantwortungsgefühl«, sagte ich ihm, »aber ich sehe doch, daß Sie sowohl als vier Ihrer Kollegen aus Kreisen kommen, die man nicht eben als antifaszistisch bezeichnen kann. Glauben Sie nicht, ein etwas, nun, mehr linksstehender Mann unter Ihnen würde die Arbeit beleben und ihr einen schärferen Zug geben? Dann möchte man Ihnen von unserer Seite auch weniger hineinreden.« – »Gewiß, gewiß«, sagte er: »Da haben wir nun den Cohn gebeten und gebeten. Er ist Jude und Kommunist. Ein scharfer Mann. Kommt von Theresienstadt zurück. Aber er will nicht.« – »Was halten Sie von dem Ausschuß?« fragte ich unseren dortigen Sergeanten. »Ich würde ihn ›Renazifizierungsausschuß‹ nennen«, war die Antwort. »Aber seit ich den vom Nachbarkreis kenne, bin ich mit diesem hier schon eher zufrieden ...«

Ein Landrat faßte die Lage etwa dahingehend zusammen: »Der Kreis der zu Prüfenden ist viel zu groß. Die Folge ist, daß die Kleinen drankommen und die Großen entkommen, besonders die nicht nominellen Nazis. Die andere Folge ist, daß der Vorgang viel zu lange dauert. Die Sache müßte längst vergessen sein. Wie kann ein Volk, das dringendste Sorgen der Gegenwart und Zukunft hat, sich immer noch von der Vergangenheit die Hände fesseln lassen? Denazifizierung ist eine revolutionäre Maßnahme, und wir haben keine Revolution gehabt, sondern einen Zusammenbruch. Eine Revolution hätte rasche, harte Justiz geübt und wäre dann an die Arbeit gegangen. Wir schleppen uns mit einem schleichenden Übel, und wir zerren es um der Genauigkeit und der Gerechtigkeit willen durch alle Gänge der bureaukratischen Mühle. Zuletzt kommt doch eine Ungerechtigkeit heraus. Denn das, daß es nur Leben gibt oder Tod, daß man jemandem alles nimmt oder alles läßt, das kann keine Basis abgeben für gerechtes Urteilen. Ich bin ein SPD-Mann und habe keinen Grund, nachsichtig zu sein; aber ich verstehe unter diesen Umständen die Bedenken der rechtsstehenden Ausschüsse. Und zu welchen Formeln kommt man, um diesen ungeheuren Kreis zu sichten? Warst du anno 32 in der SA, so bist du schuldig, bist du anno 37 erst hineingegangen, so bist du unschuldig. Könnte nicht einer sagen: Die 32 gingen, glaubten noch an was. Die 37 kamen, nach den Nürnberger Gesetzen, mußten wissen, was gespielt wurde. Da hat man für die Lehrer eine besondere Kategorie erfunden: die Unpolitischen. Denn ›drin sein‹ mußten sie ja wohl von Amts wegen; aber vielleicht waren sie nicht mit dem Herzen dabei. Ja, könnte man so einen nicht fragen: Wieso waren Sie denn ›unpolitisch‹, verdammt noch mal? Wissen Sie, als Erzieher, nicht, was es heißt, seine Unterschrift einer Sache zu geben? Sie haben den Führer betrogen, Mann, ebenso wie der große Schacht, der stolze Meineidige, Sie haben ihn glauben lassen, es stünden so viele hinter ihm, die in Wahrheit gar nicht hinter ihm standen. Sie haben ihm durch Ihre Massenzustimmung das Mandat zu seinen Schandtaten gegeben. Unpolitisch? Und so einer soll Jugend erziehen? Wenn es morgen einmal wieder anders kommt, so werden Sie wieder unpolitisch gewesen sein wollen. Ich lobe mir den überzeugten Nazi. Er war etwas und kann vielleicht heut wieder etwas sein, wenn er's ernst nimmt und sich einige Wahrheiten überlegt. Der Landesschulrat sagt mir, er hätte sich für 80 Prozent seiner abgebauten Lehrer verbürgen können. Er ist SPD, hat auch keinen Grund, nachsichtig zu sein. Aber ich will es ihm glauben. Und die Jugend? Da darf einer nicht studieren, weil er HJ-Jugendführer war. Können Sie mir sagen, wo er Jugendführer hätte sein können, wenn nicht in der Hitler-Jugend? Aber vielleicht ist es vorzuziehen, daß er sich abseits gehalten hätte, unjugendlich und ›privat‹? Die Denazifizierung ist gescheitert, und ich fürchte fast, sie ist heute nicht mehr zu retten.«

So etwa der Landrat. Das war im Juni 46. Inzwischen ist die Jugend amnestiert worden, und man hat kürzlich, für alle vier Zonen gemeinsam, ein neues System eingeführt. Es hat, irre ich nicht, den gleichen Fragebogen und umfaßt den gleichen zu großen Kreis, aber man hat fünf Kategorien anstatt der vier, und sie sind genauer beschrieben. Zudem ist die Denazifizierung nun eine regelrechte Gerichtsangelegenheit geworden, mit bestimmtem Strafmaß für die verschiedenen Kategorien. Die Besatzungsbehörde hat nichts mehr dazu zu sagen. Die ganze Sache ist, soweit ich weiß, noch nicht in Gang gekommen, wenigstens war sie es noch nicht zur Zeit meiner Abreise aus Deutschland. Eine neue Phase beginnt, ein jeder hofft, sie möge die endgültige sein, und keiner hat mehr Vertrauen, daß nicht wieder die wahrhaft gefährlichen Elemente entkommen. Niemand hat vor allem noch wirklich Interesse an der Sache.

Wie sagt der Volkswitz? Es war *doch* das tausendjährige Reich: zwölf Jahre Hitler und neunhundertundachtundachtzig Jahre Denazifizierung.

8

Politik

a) Allgemein

Die Denazifizierung war Strafe und Säuberung, also die
Vorstufe zur Neuerziehung. Die Erlaubnis zu politischer
Betätigung war der erste Schritt in der neuen Erziehung.
Man verbleut einen ungezogenen Jungen und gibt ihm
dann – aber hier geschah es gleichzeitig – ein schönes
neues Spielzeug. Schade nur, daß der Junge, in neuem
Papier verpackt, die alte Spielzeugeisenbahn wiederfand,
die er vor Jahren in die Rumpelkammer geworfen hatte,
weil sie nie so recht zog. Wird er es glauben, wenn man
ihm sagt, der böse Onkel habe ihm das Spielzeug, das er
im Grunde so sehr geliebt habe, nur weggenommen, und
der gute Onkel erlaube ihm nun wieder damit zu spielen? Kritik dieser Art ist natürlich leicht, sie drängt sich
auf. Aber der gute Onkel befindet sich bei seinem Erzie-
hungswerk wirklich in ernsten Schwierigkeiten. Die erste
Schwierigkeit ist die seiner Stellung, daß nämlich dieselbe
Hand es ist, die das Spielzeug gibt und die den Rohrstock
so gut zu handhaben weiß: nicht nur gegen die »Nazis
und Militaristen« – das mochte noch hingehen, wenn er
sich hätte bescheiden können, den kleinen Kreis der
wirklich Schuldigen zu treffen, und es sich nicht in den
Kopf gesetzt hätte, die fragwürdige Riesenaufgabe der

Säuberung von Kopf bis Fuß anzugreifen, in die wir im vorigen Kapitel einen kleinen Einblick erhielten; aber die Hiebe der »Reparation und Sicherung«, die Austreibung, der Hunger und die Demontagen treffen ja das ganze Volk, und die breite Masse der relativ Unschuldigen mehr als die hohen Herren, deren Gewissen weniger rein sein dürfte. Die Demokratie von Weimar war vom ersten Tage an mit der Niederlage belastet, und an dieser Belastung ist sie wohl letzten Endes gescheitert. Die alt-neue Demokratie von 1945 ist das Geschenk eines Schutzherrn, von dem man nicht weiß, ob er nicht eigentlich mehr Zwingherr ist. Er hat beide Gesichter. Da darf man sich wohl fragen, ob – und wie lange – sie diese schwere Belastung überleben wird.

Zudem, das sagten wir ja schon, ist das Wiedersehen mit dem alten, abgetanen Gerät nicht durchaus erfreulich. Aber was konnte die Besatzungsmacht anbieten? Was konnte das deutsche Volk so schnell Neues produzieren? Ein politisches Leben sollte wieder in Gang kommen. Der Deutsche sollte lernen, wieder Verantwortungen zu übernehmen. Die alten Parteien, arg reduziert und zerschlagen, waren doch verhältnismäßig am leichtesten wiederherzustellen. Sie waren auch die Form der Demokratie, die der Kontrolle am ehesten zugänglich ist. Führer, die die Jahre der Drangsal in Lagern, im Versteck, weniger annehmbar in der Emigration überstanden hatten, Leute, die man wohl als die Besten der Nation betrachten durfte, wünschten, das Volk jener Demokratie zuzuführen, um derentwillen sie gelitten hatten. Sprecher sollte das Volk erhalten, die das deutsche Interesse gegenüber der Besatzungsmacht zum Ausdruck bringen konnten. Es war also wohl unvermeidlich, daß man das alte Parteienwesen wieder galvanisierte.

Man konnte das aber nicht ohne Einschränkungen tun. Wir erwähnten bereits die große Klasse derer, die politisch rechtlos wurden. Sie wurden auch zunächst nicht in irgendeine der neu- oder wiedergegründeten Parteien aufgenommen, und erst spät und langsam ging man zu solcher Aufnahme mit Bewährungsfristen über. Es wurde ferner von vornherein festgesetzt, daß keine politische Meinung in einer der Parteien zu Gehör kommen durfte, »die faszistisch oder militaristisch war oder den Zielen der Alliierten in irgendeiner anderen Weise widersprach«. Diese Forderung belastete die Freiheit des politischen Lebens, erniedrigte die Parteien sozusagen zu Quislingen, doch stellte sich bald heraus, daß man das Einhalten dieser Bedingung auf die Dauer nicht verlangen noch erwarten konnte. Man beraubte also die Parteien eines sehr wesentlichen Kredites beim eigenen Volk: daß sie nämlich die Interessen dieses Volkes frei verträten, konnte es aber doch nicht verhindern, daß sie das wirklich taten. Denn es wurde bald offenbar, daß »die Interessen der Alliierten« nicht einheitlich waren, und da man selbst in offenem Gegensatz zu der Sowjetunion sich befand, ganz besonders in Dingen Deutschland betreffend, wie wollte man von der SPD oder der CDU erwarten, daß sie »die gemeinsamen Interessen Englands und Rußlands« respektierte?

Endlich war man als Besatzungsmacht nicht in der Lage, den Parteien die »eigene Verantwortung« zu geben, von der man so viel sprach. Die deutschen Parteien haben vielmehr so wenig Möglichkeit, selbst Arbeit zu leisten, daß ihnen kaum etwas anderes zu tun bleibt, als Programme aufzustellen und einander mit Schmutz zu bewerfen. Die Programme sehen sich, von links nach rechts, außerordentlich ähnlich. Wir werden sie im folgenden kennenlernen und könnten geradezu das Normalprogramm der deutschen Parteien von 1945 herausstellen. Der Schmutz, mit dem man einander bewirft, ist besonders hart, da man nach den alten, eingetrockneten Lehmkrusten greift; und wenn man in dem Trümmerhaufen Deutschland Leute gestikulieren sieht, die gegen die Trustherren und die finsteren Mächte der Reaktion wettern oder vor der Flut eines alles gleichmachenden Materialismus warnen, so kommt einem das etwas unwirklich vor. Es ist ein Schattenspiel »full of sound and fury, signifying nothing«.

Rußland führte die Parteipolitik in seiner Zone sehr früh ein, im Juni 45, und sah darin ein gutes Mittel zur Durchführung der eigenen Vorhaben in Deutschland. Ob es das war, bleibt abzuwarten. Immerhin ist man heute in der Ostzone praktisch beim Einparteisystem angekommen, und das war offenbar von vornherein die Absicht. So schrieb Rußland den Partnern das Tempo des demokratischen Fortschritts in Deutschland vor. Man darf daran zweifeln, ob England ohne große Bedenken Parteien, Parlamente, Wahlen so bald nach dem Zusammenbruch wiedereingeführt hätte.

Das Volk selbst steht in weiten Kreisen den Parteien nicht nur mit Mißtrauen gegenüber, sondern mit Furcht, und besonders Frauen hört man oft sagen: »Ich wähle nicht. Laßt mich mit der Politik in Ruhe. Geändert wird durch mein Wählen nichts, denn im Grunde macht ihr, die Engländer, doch, was ihr wollt. Wähle ich aber, wer weiß, ob mir das gut bekommen wird. Man hat so vielen Leuten einen Strick daraus gedreht, daß sie die NSDAP gewählt haben. Kann man sagen, ob es uns nicht eines Tages übel vermerkt wird, wenn wir nun die SPD wählen?«

Unconditional surrender, noch dazu gegenüber vier Partnern, die untereinander nicht einig sind und von denen ein jeder auf seine Art bestraft, sichert und erzieht, auch gegen die anderen bestraft, sichert und erzieht, ist kein Boden für eine politische Neuentwicklung. Beim Parteiwesen zeigt sich noch klarer als in anderen Bereichen des nationalen Lebens, daß die Besatzungsmacht *vielleicht* strafen und sichern kann – ich habe gute Gründe zu glauben, daß das nicht möglich ist –, daß aber dann auf keinen Fall Raum für die Neuerziehung bleibt.

Arthur Mahraun, der ehemalige Führer des jungdeutschen Ordens, der ziemlich vergessen in einem westfälischen Städtchen lebt, ist gegen die politischen Parteien als Ausdruck einer deutschen Demokratie, und er entwarf mir von deren Treiben ein lebenswahres Bild: »Die Parteien«, sagte er, »sind die legitime Zufluchtsstätte des Nationalsozialismus«, und da er meinen verblüfften Ausdruck wahrnahm: »Natürlich sagen sie das nicht. Kein Nazi-Aktivist darf Mitglied bei ihnen werden; sie sind alle antifaszistisch, denn das war ja die Bedingung, die sie bei ihrer Neugründung anzunehmen hatten: ›Die deutschen antifaszistischen Parteien‹, unterschrieben sie ihre ersten gemeinsamen Manifeste in Berlin im vorigen Juni. Aber da sie keine Verantwortungen übernehmen durften, so bleibt ihnen nichts als der Kampf, und der gute, alte deutsche Kampfgeist lebt sich in ihnen aus. Ich erzähle Ihnen ja nichts Neues, wenn ich Ihnen eine solche Massenversammlung beschreibe, gleichviel ob es sich um eine der Kommunisten handelt oder der Christlichen Demokraten: Die Tribüne ist mit Tannengrün geschmückt, mit Topfpflanzen umgeben, und das Bild eines Führer-Märtyrers prangt als eine Art Altar vorm Rednerpult, ob es nun der Thälmann ist oder der Herr von Witzleben.

Die Rückwand des Podiums ist mit einer riesigen roten Fahne drapiert, auf die Hammer und Sichel aufgenäht sind oder die drei Pfeile, unter denen man aber jedesmal noch die Spuren des überklebten Hakenkreuzes erkennt. Das ist eine Äußerlichkeit, dieses durchscheinende Zeichen ›unsres vorigen Kampfes‹, aber ich meine, es ist symbolisch zu nehmen. In Riesenbuchstaben prangen darüber die Schlagworte der Partei: ›Einheit des Reiches, Einheit der Partei, Einheit der Arbeiterklasse!‹ Jawohl: Ein Volk, ein Reich, ein Führer. Und nun beginnt die Veranstaltung. Die Musik spielt die Egmont-Ouvertüre zur Erzeugung gehobener Stimmung. Ich habe einen Ihrer Offiziere ostentativ seinen Platz verlassen sehen, als dieses harmlose Stück erklang, und er sagte zu einem Kameraden: ›Ich werde wiederkommen, wenn es eine Versammlung gibt, die ohne Musik stattfindet. Dann werde ich auch bereit sein, die deutsche Politik ernst zu nehmen.‹ Der Offizier hatte recht. Nach der Musik erscheint ein Parteimitglied, das ein Gedicht vorträgt. Wenn es sich um eine kommunistische Versammlung handelt, so werden Sie, *noch* mehr als bei den anderen, darin vom Vaterland hören: besudelt, gebeugt, geschändet, in Trümmern, doch heilig, dreimal heilig uns eben in seiner Ohnmacht; geliebt, ersehnt, und von jenen *Hunden!!!!* in den Staub gezogen. Aber du wirst auferstehen, heilig geliebtes Vaterland. Wir, wir werden dich erheben. Dann tritt ein Chor von weißgekleideten Jungfrauen und Männern der schwieligen Faust auf. Und was singt er? Ein Kampflied: vom nordischen Recken auf Brömsebro-Moor, der niemals, ja niemals die Fahne verlor, und wenn er auch fiel auf heldischer Bahn, wir Kommenden tragen die Fahne voran; und wo jener sank in den Freiheitstod, wir tragen die Fahne durch Kampf und durch Not: Vorwärts, der

Freiheit entgegen! Es folgt eine Totenehrung, während deren jeder in gesammeltem Schweigen eine Minute stehend verharrt. Und dann, nach kerniger Begrüßung durch den örtlichen Vorsitzenden, ergreift der Redner das Wort *gegen* die Verderber von gestern, *gegen* die Reaktion (oder die Kommunisten, je nachdem), *gegen* die neuen Volksverderber auf dem schwarzen Markt, auf den Bauernhöfen, in den Amtsstuben, und wenn es sein darf, auch *gegen* die Engländer. Und gewiß haben Sie darauf geachtet, wo der Redner den größten Beifall erhält. Wenn Herr Schumacher von der SPD etwas von den Schlotbaronen und Junkern sagt, die heruntermüßten, so werden viele geschulte Zuhörer sagen: ›sehr richtig‹, und auch klatschen; aber wenn er sagt: ›Die Ruhr bleibt deutsch!‹, so wird das ganze Sportstadion in minutenlangen, tosenden Beifall ausbrechen. Die anwesenden Herren von der Militärregierung rutschen unbehaglich auf ihren Sitzen, und das ist vielleicht das Schönste daran. Und wenn der Redner abgetreten ist, ist das das Ende? Nein: Der örtliche Vorsitzende dankt ›ergriffen‹, spricht von ›dieser Feierstunde‹, und endlich tritt noch einmal der Chor in seine Rechte, und das gesamte Publikum erhebt sich von den Stühlen und fällt ein in das Kampflied der Partei: ›Auf zum letzten Gefecht!‹ Jawohl, lieber Herr: ›Die Reihen fest geschlossen!‹ Die englischen Herren sind höflich und erheben sich auch von ihren Plätzen. Sie stecken die Köpfe zusammen: War das auch alles noch angängig? Sollte man den Redner nicht kommen lassen und ihm bedeuten, daß da einiges doch wohl zu weit gegangen wäre? Die Deutschen stecken beim Herausgehen auch die Köpfe zusammen: Gott sei Dank, er hat es ihnen gegeben. Ihnen? Allen, mein Lieber, es brauchen nicht eben die Engländer zu sein. Ihnen: Das sind alle, die etwa an der gestrigen und der heutigen Not schuldig sein mögen und die sich nur vorsehen sollen, denn nicht immer wird das getretene Volk ohnmächtig sein, und der ›Tag der Abrechnung‹ naht einmal wieder. Nur man selbst, die Menge auf den Bänken, fühlt sich aufs schönste erhoben und hat sich nichts vorzuwerfen. Es war ja ›die Reaktion‹, die uns in dieses Elend geführt hat, oder ›die da Christum leugnen‹, oder ›die Diktatur, die uns heut von neuem bedroht‹. Müßiges Spiel? Gewiß ist das ein müßiges Spiel, was die Parteien treiben, da sie für nichts wirklich verantwortlich sind. Aber das eine haben sie doch schon erreicht: Sie haben die Atmosphäre gründlich vergiftet. Auf dieser Grundlage wird ein neues politisches Leben nicht gedeihen.«

Soweit Mahraun, und ich gestehe, daß ich auch ihm einen etwas ausführlicheren Bericht in den Mund gelegt habe, als es der war, den er mir in der Tat gegeben hat. Aber ich weiß, daß er meine Version gern unterschreiben wird.

Wenn ich jetzt eine Darstellung der einzelnen Parteien versuchen will, so muß ich noch einmal darauf hinweisen, daß mein Bericht für die britische Zone gilt, und besonders für das Land, in dem ich mich während meines Dienstes in Deutschland aufhielt, nämlich »Nordrhein-Westfalen«. Die Parteien der anderen Zonen kann ich nur kurz streifen, da ich sie nicht aus eigener Erfahrung kenne; nur so viel sei hier gleich gesagt, und dies trägt zu dem Bilde der deutschen Schwierigkeiten noch einen besonderen Zug bei: daß die Parteien in den verschiedenen Zonen sich durchaus verschieden entwickelt haben, so daß in dieser Hinsicht – wie in Dingen der Verwaltung, des Wahlsystems, der Gewerkschaften – es heute bereits so ist, daß die Reichseinheit nur mit Schwierigkeiten wiederherzustellen sein wird. Was besonders die neue Partei, die Christlich-Demokratische Union, angeht (in Bayern heißt sie Christlich-Sozial), so ist sie von einem Kritiker aus ihren eigenen Reihen für die verschiedenen Zonen folgendermaßen beschrieben worden: In Berlin sei sie fortschrittlich, in der Ruhr reaktionär, in Bayern partikularistisch, in der französischen Zone klerikal. Wir kommen auf die CDU, das Problemkind der deutschen Politik – und die stärkste Partei im Westen –, noch genauer zu sprechen, wollen aber unsere Überschau mit den bekannten alten Parteien beginnen.

b) KPD

Die KPD durfte mit der Hoffnung antreten, der Erbe nach dem Zusammenbruch zu werden, und als solch präsumptiver Erbe wurde sie von den braven Bürgern im Rheinland im Sommer 45 gefürchtet. Sie hatte von vornherein den Vorteil, daß sie sich auf die mächtige Bruderpartei im Osten stützen konnte, von der sie, wenn auch illegal, mit ausgezeichnetem Schulungsmaterial versehen wurde und mit der sie stets einen lebhaften Verkehr und Menschenaustausch unterhielt. Die Menge interessanter und dabei allgemeinverständlicher Literatur, die bei einer Gelegenheit wie dem großen Kongreß in Hamm im Januar 46 an jeden der 1300 Delegierten verteilt wurde, ist erstaunlich. Ebenso bewundernswert ist die Organisation der Partei, die von der Zonenleitung bis zu den Straßen- und Betriebsgruppen in den Industriestädten auf Dreierausschüssen ruht: dem politischen Leiter, dem Kaderleiter und dem Verantwortlichen für Werbung und Schulung. In den höheren Gliederungen der Partei, den

Bezirks- oder Provinzleitungen, werden diese drei durch ein volles Ministerium für Fragen der Landwirtschaft, Frauen, Jugend, Wirtschaft, Wohlfahrt etc. unterstützt. Diese gründliche Organisation bedeutet zugleich eine Schwierigkeit für die Partei, die unverhältnismäßig viele ihrer besten Leute in den Lagern verloren hat. Ihre bedeutendsten Führer sind durchaus ehemalige Konzentrationäre, und man merkt ihnen die Spuren ihrer Leiden an. Max Reimann, der Vorstand der Partei in der britischen Zone, vielleicht die am besten gelittene Persönlichkeit in der heutigen deutschen Politik, ist ein kranker Mann, der monatelang dem Dienst an der Partei fernbleiben mußte, zum Bedauern seiner Freunde und selbst seiner Gegner. Die englischen Intelligence-Offiziere, die zum allergrößten Teil dem Kommunismus nicht sympathisch gegenüberstehen, erwähnen »Max« mit einer gewissen zärtlichen Achtung und werden nicht leicht eine Gelegenheit versäumen, den meisterhaften Redner zu hören und nachher einen »heart to heart talk« mit ihm zu haben (von dem freilich beide Teile wissen, daß er nicht so ganz heart to heart ist). Max ist krank, Kaiser ist überanstrengt, Lichtenstein und Müller sind überlastet. Die kleineren Größen der Partei müssen bei den ständigen Schwankungen einer politischen Truppe, die nicht selbst ihre Politik bestimmt (sie wird in Berlin gemacht, oder vielmehr in Moskau), häufig ausgewechselt werden, und es ist nicht ohne Reiz zu beobachten, wie bald die »Scharfen« in den entscheidenden Stellungen erscheinen, bald wieder die Friedfertigen, und wie besonders die Haltung der Partei zur SPD entsprechend wechselt. Unter dieser Überbeanspruchung leidet die straffe Organisation, und es ist nirgends so schwer, selbst einfache Auskünfte zu erhalten, wie bei den Kommunisten. Es handelt sich da nicht um ein Geheimhalten. Die gleichen örtlichen Fragen, die etwa bei der Bezirksleitung für Westfalen ohne weiteres beantwortet werden, sind bei der übergeordneten Parteistelle in Düsseldorf unbekannt.

Andererseits hat diese durchgreifende Organisation, die Disziplin, die Hingabe der Genossen, die klaren Anweisungen, die sie erhalten und weitergeben, es den Kommunisten ermöglicht, allerorten als die Aktiven aufzutreten, die Leute mit den praktischen Vorschlägen, die Leute, die unmittelbare Hilfe leisten. Sie sind die Vordersten, wo es sich darum handelt, für den Betriebsrat etwas zu erreichen, in der Stadt eine Wärmehalle für Wohnungslose einzurichten, eine Kriegsgefangenenfürsorge zu organisieren. Sie haben ihren Anteil daran, daß nach der Besetzung die Ruhrschächte in Betrieb blieben und man sie nicht »versaufen« ließ. Sie stehen besonders auch hinter den »unparteiischen« Kulturbünden, die in allen Städten blühen. Es ist dabei ihre Absicht, wirklich zu helfen und gleichzeitig Vertrauen zu gewinnen; und der gleichen Absicht kommt ihr Programm entgegen.

In Hamm haben die Kommunisten erklärt, es hieße den Arbeiter irreführen, wenn man ihm für die Gegenwart den Marxismus verspräche. Man habe zunächst die liberale Revolution von 1848 zu Ende zu führen, die man dem deutschen Volk noch immer schuldig geblieben sei. Darum sei man heute zwar für entschädigungslose Enteignung des Besitzes der Kriegsverbrecher und Nazi-Aktivisten und ebenso für entschädigungslose Enteignung aller Güter über 100 Hectar, um die notwendige Bodenreform durchzuführen. Man sei für Nationalisierung der Schwerindustrie. Keineswegs aber wolle man das mittlere und kleine Eigentum antasten oder die Privatinitiative (außerhalb der Schwerindustrie) im mindesten beschränken. Sie seien eine nationale, wenn auch nicht nationalistische Partei; die am meisten nationale, wenn es darauf ankäme. Mit keinen Annexionen im Westen könnten sie sich einverstanden erklären. »Die Ruhr bleibt deutsch.« Besonderen Nachdruck legen sie auf die Einheit Deutschlands, eines Deutschlands aber, das mit den fatalen Traditionen des Bismarckreiches und des Dritten Reiches endgültig gebrochen habe. Die Beseitigung dieser Traditionen und ihrer Träger, deren Macht auch nach der Niederlage man nicht unterschätzen dürfe (obwohl die westlichen Besatzungsmächte sie geflissentlich unterschätzten), würde nicht nur Verhältnisse schaffen, die Europa ohne weiteres über die deutschen Absichten beruhigen dürften; sie würde auch die Probleme der Produktion und mithin der Ernährung zum guten Teil aus der Welt schaffen. Nur die Reaktion wolle deren Lösung der Besatzungsmacht aufbürden. Kaiser, der Führer des niederrheinischen Bezirks der Partei, sprach sich im Landtag in Düsseldorf in dem Sinne aus, daß es gelte, erst im eigenen Hause das Viele in Ordnung zu bringen, was das deutsche Volk aus eigener Kraft ordnen könne, ehe man sich über die Engländer beklage und sie um Hilfe angehe. Freilich sollten die Engländer den notwendigen Reformen nicht im Wege stehen.

Das einheitliche Deutschland, das den Kommunisten vorschwebe, könne nur von einer geeinten Arbeiterklasse getragen werden; darum müsse man den Bruderzwist zwischen der KPD und SPD endlich aus der Welt schaffen. Hieran seien auch die Arbeiter in ihrer Mehrzahl interessiert, und nur die reaktionären Quertreiber in ihrer Führung, die Schumachers, stemmten sich dieser notwendigen und heilsamen Entwicklung entgegen. Eine Wiederholung von Weimar sei die Folge: Wieder würden die sogenannten Arbeiterführer der SPD, die zum Teil noch die alten Persönlichkeiten seien (Severing), genötigt, mit den stärkeren Bürgerlichen in Koalition einzutreten, und die Sache würde genau so sich entwickeln, wie schon einmal, daß nämlich ein Kompromiß nach dem anderen geschlossen, eine Stellung nach der anderen aufgegeben würde, bis die Herren zum zweiten Mal »der Gewalt weichen« müßten. Was not täte, sei also Einheit des Reiches, Einheit der Partei, Einheit der Arbeiterklasse.

Es ändert an diesem Programm nicht viel, daß etwa Max Reimann kürzlich doch wieder den marxistischen und revolutionären Charakter der KPD betont hat. Man geht kaum fehl, wenn man solche Äußerungen als taktische Manöver bezeichnet.

Das Programm durfte Anspruch darauf erheben, populär zu sein, und die praktische Tätigkeit der Kommunisten durfte es nicht minder. Wie ist es nun zu erklären, daß die Partei bei den ersten Wahlen in der britischen Zone, den Wahlen für Gemeinde- und Kreisvertretungen im September und Oktober 46, eine Niederlage erlitten hat?

Die Gründe scheinen mir wesentlich außenpolitischer Natur. Man liebt die Russen nicht, man fürchtet sie wie den Gottseibeiuns, und keine Versicherung von seiten des »großen Max« wird die Leute an Rhein und Ruhr davon überzeugen, daß die Russen und die KPD nichts miteinander zu tun hätten. Daß die Russen nicht geliebt werden, hat naheliegende Gründe. Die unmittelbare Erfahrung mit den russischen D.P.s ist der am wenigsten entscheidende. Die Berichte von russischen Greueln in den ersten Monaten nach der Okkupation im Osten sowie über arbiträre Maßnahmen, wie Verschleppungen deutscher Techniker etc., sind wichtiger. Der hauptsächliche Widerstand aber wird wohl durch die Wandlungen der russischen Satelliten, Polen und Tschechen, ausgelöst: durch die Austreibungen und die Grenzziehung im Osten. Die KPD hat über diese Dinge nichts zu sagen gewußt, was in deutschen Ohren gut geklungen hätte. Über die gründlichen Demontagen sagten sie, das ganze deutsche Volk sei schuldig, Wiedergutmachung müsse geleistet werden, und am meisten Anspruch hätten diejenigen darauf, die am schwersten gelitten haben, nämlich die östlichen Nachbarn. Dieses schwere Leiden erkläre auch die Greuel, die man nicht verteidigen wolle, über die zu klagen man aber nicht das Recht habe. Über die Ostgrenze und die Austreibungen aber blieben die kommunistische Presse und die kommunistischen Redner stumm, bis nach der Stuttgarter Rede von Byrnes. Dann sagten sie, man habe ja in Potsdam nicht sie gefragt. Sie hätten diese Dinge nicht erwähnt, um nicht Wasser auf die Mühle des Chauvinismus zu leiten, der sich wieder lustig rege. Deutsche Proteste würden in der Tat nur dies bewirken, nämlich die Innenpolitik chauvinistisch verseuchen und eben dadurch eine Lösung der Frage selbst in noch weitere Ferne rücken. Nach außen würden deutsche Proteste heute ohnehin verhallen, und zwar so lange, bis die Welt sicher sein könne, daß sie es mit einem gereinigten und friedfertigen Deutschland zu tun hat. Dann, so wolle die KPD hoffen, möge eine Lösung gefunden werden, welche auch den deutschen Notwendigkeiten gerecht wird. Bis dahin gelte es in erster Linie ein Deutschland aufzubauen, das imstande sei, Vertrauen einzuflößen, und da ließe man es noch sehr an Tatkraft und gutem Willen fehlen. In der Industrie und auf dem Lande hebe die Reaktion wieder ihr Haupt, und ehe sie nicht vernichtet sei, könnten außenpolitische Forderungen (*nach Osten!*) nicht erhoben werden.

Hätte Molotow nach der Byrnes-Rede einige Bereitschaft gezeigt, in der Frage des deutschen Ostens westlichen und deutschen Wünschen entgegenzukommen, so hätte die KPD wahrscheinlich eine stärkere Stellung in dieser brennenden Frage eingenommen, und dies wäre für ihren Erfolg zur Zeit der Wahlen wichtig gewesen. Molotows Antwort an Byrnes, man habe nicht Millionen von Polen in den »wiedergewonnenen Gebieten« angesiedelt, um sie wieder zurückzuschicken, und was immer in Potsdam über eine vorläufige Grenzziehung gesagt worden sei, die Ostmächte hätten sie als endgültig anzusehen, verdammte die KPD zu einem verlegenen Schweigen. Die erste Runde des Kampfes mit der SPD, die außenpolitische, hat die KPD verloren. Man wollte am Rhein nicht »russisch werden«. Die Expansion des Ostens, das Einparteisystem mit seiner an die jüngst vergangene Zeit erinnernden Propaganda, das beides war nicht nach dem Herzen der Westdeutschen. Der überwältigende Wahlsieg der SPD in Berlin, dem einzigen Ort in Ostdeutschland, wo noch frei gewählt werden durfte, schien gezeigt zu haben, daß diese Dinge auch durchaus nicht nach dem Herzen der Ostdeutschen waren. Die KPD beklagt sich, die alte Goebbelssche Propaganda gegen die Commune und das russische Untermenschentum sei noch lebendig und habe mehr als alles andere zu ihrer Niederlage beigetragen. Sie hat darin zum Teil recht; und wenn sie sagt, daß der einzelne Engländer, ja die gesamte englische Verwaltung trotz aller Reden über die Wahrung der Interessen *aller* Alliierten nichts dazu täte, diese Propaganda außer Kraft zu setzen, daß man auf englischer Seite vielmehr selbst davon infiziert sei, so hat sie wieder recht. Solange aber Molotow selbst alles tut, um dieser Propaganda Vorwände zu geben, wird die Gegenpropaganda der KPD nicht überzeugen, und so ist es gekommen, daß sie die außenpolitische Runde gegen die SPD verloren hat.

Mit einer Einsicht und Biegsamkeit, die Bewunderung abnötigt, hat sich die KPD seit den Wahlen auf die »Frage des täglichen Brots« (Max Reimanns Formel auf dem Parteitag in Wuppertal nach den Wahlen im September) konzentriert, und hier darf sie auf größeren Erfolg hoffen. Die Niederlage, welche der KPD in ländlichen Bezirken nur 6 Prozent, in gewissen Industriegegenden 12 Prozent der Stimmen brachte, hat sie dennoch nicht zu einer Splitterpartei herabgedrückt, da sie nach wie vor in *allen* Kreisen vertreten ist. Andere Parteien, das Zentrum zum Beispiel, sind in vielen Gegenden völlig ausgefallen. Die KPD bleibt eine große Partei, die allenthalben auf ihre Minimalpositionen zurückgedrängt ist. Sie unterhält nach wie vor ihre vollen Parteigliederungen, ihre Kulturbünde und besonders ihre »Betriebsgruppen« in den Fabriken und Bergwerken, und hier hat sie bereits einen wichtigen Erfolg errungen. Es handelt sich um die Haltung der Bergarbeiter in der Frage der Kohlenversorgung der deutschen Haushalte. Es scheint sich da um eine nebensächliche Angelegenheit zu handeln, besonders von hier aus gesehen, aber die Entwicklung des Falles zeigt die Taktik der KPD – und die Haltung der Besatzungsbehörden – so deutlich, daß es sich lohnt, darauf näher einzugehen.

Im ersten Nachkriegswinter bekamen die deutschen Haushalte keine Kohlen. Die Städte versuchten, mit Brennholz auszuhelfen, aber gerade in der Industriegegend war das nicht leicht, und über das Fällen jedes zweiten Chausseebaumes hinaus konnte nicht viel Hilfe geleistet werden. Die Waldbestände im Sauerland waren unerreichbar, denn es mangelte an Fuhrwerken. Ich habe persönliche Erfahrungen mit dieser Schwierigkeit, da es mir nicht gelang, 500 Festmeter Bauholz, die im Herbst für meine Bauarbeiten in den Forsten an der Sieg bereitlagen, auch nur aus dem Wald zu schaffen, »da dem Fuhrunternehmer in Crottorf *sein Pferd*! verendet« sei, wie die bündige Entschuldigung hieß. In dieser Not machten die Bergarbeiter den Vorschlag, sie wollten Sonderschichten einlegen, um Kohle für die Zivilbevölkerung zu fördern. Sie könne durch Pferdefuhrwerke von den Zechen abgeholt werden, wenn Brennstoff für diesen Zweck nicht zur Verfügung gestellt werden sollte. Der Vorschlag wurde von der Besatzungsmacht nicht angenommen. Als aber im zweiten Winter sich die Situation wiederholte, kam man von englischer Seite auf das Angebot der Bergarbeiter vom vorigen Winter zurück, und eines Tages im Oktober erschien in den Zechen ein Anschlag von seiten der Britischen Kohlenkontrolle (NGCC – North German Coal Control), einer Behörde, die aus britischen Kohlenfachleuten besteht und von der Kontrollkommission weitgehend unabhängig ist. Der Anschlag klang wie ein Befehl und forderte die Bergleute auf, an gewissen Sonntagen Kohle für die Zivilbevölkerung zu fördern.

Sofort schickte die kommunistische Presse Reporter zu den Führern der Bergarbeitergewerkschaft, von denen ein großer Teil kommunistisch ist, und erfuhr, daß die Belegschaften dieses Ansinnen ablehnen müßten. Kohlenversorgung für die Zivilbevölkerung solle sich im zweiten Winter von selbst verstehen, meinten die Gewerkschaftler, und es könne den Bergleuten nicht zugemutet werden, Sonntagsschichten zu fahren. Die bedrohlich ansteigende Unfallkurve habe gezeigt, daß der Ruhetag notwendig sei. Die Altersschichtung der Bergleute sei nicht die gleiche, wie die vor dem Kriege. Habe es damals nur etwa 20 Prozent Bergleute über 50 Jahre gegeben, so sei heute fast die Hälfte der Belegschaft über 50. Ernährung und Unterkunft täten ein übriges, die Arbeitskraft der »Kumpels« herabzusetzen. So käme es denn, daß die Unfälle gegen Ende des Arbeitstages und gegen Ende der Arbeitswoche in beängstigendem Maße zunähmen. Der »Arbeitsbefehl« der NGCC könne nicht angenommen werden. Wenn die Besatzungsbehörde es nicht als ihre Verpflichtung anerkenne, die deutschen Haushalte im zweiten, härteren Winter mit Brennmaterial zu versorgen, wenn sie eine besondere Anstrengung der Bergleute hierfür für nötig erachte, so möchte sie wenigstens die Bergleute auf eine Stufe stellen, auf der sie eine solche Mehrarbeit leisten könnten, ohne sich zu gefährden, das heißt, sie solle die längst ausstehenden Forderungen der Bergleute auf Lohnerhöhung, menschenwürdige Unterkunft und Teilnahme der Familien an ihren Sonderzuteilungen an Lebensmitteln erfüllen.

Die NGCC stellte fest, sie habe keinen Befehl erteilt, sondern auf einen Vorschlag zurückgegriffen, den die deutschen Bergleute selbst im vorigen Winter gemacht hätten. Sie müsse es ihnen überlassen, ob sie durch eine besondere Anstrengung ihren Landsleuten helfen wollten oder nicht. Sie selbst sei nicht bereit, ohne eine solche Anstrengung »Hausbrand« zu verteilen. Zugleich lud sie die sozialdemokratischen Gewerkschaftler aus der Bergarbeitergewerkschaft und vom allgemeinen Gewerkschaftsbund ein, ihren mäßigenden Einfluß in den Belegschaften geltend zu machen.

Es war recht eigentlich ein Fall Gruener: Die aufgestauten Leidenschaften entluden sich an einer an sich geringfügigen Frage. Denn was immer die kommunistischen Arbeiterführer vorbrachten, es war den Bergleuten durchaus möglich, eine Sonderschicht im Monat zu fahren, ganz besonders in den Wintermonaten, wo man nicht einmal am Sonntag zu arbeiten brauchte, sondern die Schicht auf einen der zahlreichen Feiertage legen konnte. Auf der anderen Seite durfte es der NGCC wohl angetragen werden, die Ausfuhr um den geringen Betrag zu kürzen, der für die deutsche Zivilbevölkerung notwendig war. Gewisse Zumutungen erregen selbst in einem besiegten und schuldigen Volk Erbitterung, und eine solche war es, daß die Leute in der Ruhr, die auf dem Kohlenflöz saßen, unterernährt, ohne Wohnung und genügende Kleidung, wie sie waren, Winter auf Winter in ihren Unterkünften frieren sollten.

Die SPD, nachdem sie in langen Verhandlungen festgestellt hatte, daß von der NGCC kein Entgegenkommen zu erwarten war, wandte sich an die Bergleute mit der Bitte, dieses weitere Opfer für ihre Genossen aus anderen Industrien auf sich zu nehmen. Die Familien der Bergleute selbst bekämen ja eine Zuteilung von Heizmaterial. Sie sollten Verantwortungsgefühl zeigen und sich nicht benehmen wie eine privilegierte Klasse. Dies sei weder ein patriotisches Benehmen noch ein sozialistisches. Die Gewerkschaft, die zum ersten Mal eine praktische Aufgabe zu bewältigen hatte, war gespalten. Es fand endlich, im November, eine Urabstimmung in den Zechen selbst statt, und der kommunistische Standpunkt errang überwältigende Anerkennung. So wenigstens sah es aus. In Wahrheit ist dieser Satz nicht ganz richtig. Nicht der kommunistische Standpunkt errang Anerkennung, sondern die Kommunisten hatten es verstanden, das auszudrücken, was die überwältigende Mehrheit der Bergleute wollte. Die Gewerkschaft, eine »überparteiliche Organisation«, die aber in ihren Spitzen und in den meisten Industrien – außer eben im Bergbau und in Teilen der Metall- und Bauindustrie – auch in ihrer Masse durchaus im Geiste der SPD geführt wird, mußte feststellen, daß sie sich bei ihrem ersten praktischen Auftreten im Gegensatz zu der Arbeiterschaft befand. Das Vertrauen der Bergleute genossen vielmehr die Kommunisten. Die NGCC tat alles, um diesen Erfolg der KPD zu ermöglichen.

Die »Sonderschichten« waren ein test case. Allenthalben verstehen es die Kommunisten, die populären Forderungen zu stellen; und allenthalben leisten die Verhältnisse und leistet die Haltung der Besatzungsbehörden ihnen Vorschub. Durch ihre Politik der »Frage des täglichen Brots« darf die KPD hoffen, das Vertrauen weiter Kreise des Proletariats zurückzugewinnen.

Wir können die KPD nicht verlassen, ohne einen Blick auf die besondere Entwicklung zu werfen, die sie in der Sovietzone in Form der SED, der Sozialistischen Einheitspartei Deutschlands, genommen hat.

Das Verlangen nach Einheit der Partei und Einheit der Arbeiterklasse wurde dort unter russischer Ägide im Mai 1946 erfüllt und in der Folge eine unabhängige SPD in der gesamten Zone verboten, außer in Berlin, jener Republik der vier Zonen, in der ein solches Verbot nicht durchzuführen war. Die Führer der KPD und der SPD im Osten, Pieck und Grotewohl, reichten einander in einer dramatischen Einheitsfeier die Hände, und die Partei schritt seitdem von Erfolg zu Erfolg, was unschwer zu verstehen ist, wenn man beobachtet hat, wie frei die Wahlen waren, die seither in der Zone veranstaltet wurden. Die Sovietbehörden ließen es sich dabei angelegen sein, die Rechtsparteien, das heißt die Christlichen Demokraten und die Liberaldemokraten – letztere sind eine Fortset-

zung der alten Deutsch-Demokraten –, freundlich anzuerkennen, außer eben im Augenblick der Wahlen, wo
man ihnen denn doch erhebliche Schwierigkeiten berei-
tete. Von den Rechtsparteien war unter diesen Umständen auch kaum eine Gefahr zu befürchten. Als unangenehmer sollte sich die SPD erweisen, die in Berlin
neben der SED weiterbestand. Ihr Wahlerfolg im Oktober wurde schon erwähnt.

Ein kurzer Spaziergang durch Berlin, und zu mehr
hatte ich nicht Gelegenheit, zeigt die überwältigende Propaganda, die der SED zur Verfügung steht. Ihre Literatur
beherrscht die Buchläden, ihre Plakate grüßen riesen-
groß von öffentlichen Bauten; aber bezeichnender sind
die Erntefeste, Revolutionsfeste und so weiter, die die Partei veranstaltet und wo Tanz, Essen, Trinken, Zigaretten,
Fahnen und Gesänge einem begeisterten Volk gratis gegeben werden. Die Kinder in der Schule werden nicht
ausgelassen, und man hat auf der ersten Seite der neuen
Schulhefte folgendes vermerkt: »Liebes Schulkind! Das
Papier, das zu diesem Schulheft für Dich Verwendung findet, ist ein Geschenk der SED. Die SED hat für Dich, liebes Schulkind, darauf verzichtet, das Papier, das (wie Du
wohl weißt) so knapp ist, für ihre eigene Propaganda zu
verwenden. Lerne also gut und lerne freudig, liebes Kind,
damit Du zu einem tüchtigen Genossen – oder Genos-
sin – im Staat des deutschen Sozialismus heranwächst.«

War die Eroberung des Ostens unter den Fittichen einer wohlmeinenden Besatzungsmacht verhältnismäßig
leicht, so erwies es sich als schwer, die wichtigere Aufgabe
der Gewinnung des Westens durchzuführen, wo man von
seiten der Besatzung, wo nicht der Bevölkerung, mit entschiedenem Widerstand zu rechnen hatte. Die Engländer
befanden sich in keiner leichten Situation. Vielleicht hät-

ten sie Lust gehabt, die SED kurzerhand zu verbieten, aber das erlaubten ihnen ihre demokratischen Grundsätze nicht, noch auch ihre Beziehungen zu dem Verbündeten. Im Mai, gleich nach der Gründung in Berlin, wurde das Feld sorgfältig gesichtet. Das Ergebnis war für die Engländer beruhigend: Nicht nur standen die bürgerlichen Kreise einer SED im Westen ablehnend gegenüber; der schärfste Widerstand kam von der sozialdemokratischen Arbeiterschaft, die die angebotene Ehe durchaus als Unterwerfung unter eine neue Diktatur fürchtete. Die Neuauflage Goebbelsscher Propaganda in Berlin klang schlecht in ihren Ohren. Die wenigsten waren auch nur bereit, die Einheit als prinzipiell wünschenswert anzuerkennen, und auch solche Arbeiter fügten hinzu, daß es jetzt jedenfalls dafür noch nicht an der Zeit sei. Man müsse erst wissen, ob es die Kommunisten ehrlich meinten, wenn sie versichern, sie würden sich in der neuen Partei nicht die Führung anmaßen.

Bei so beschaffenen Dingen glaubte man es sich erlauben zu dürfen, die Bitte von Pieck und Grotewohl zu gewähren, sich dem Volk in den größeren Städten der britischen Zone vorzustellen. Die Vorträge fanden im Sommer 46 in Braunschweig, Essen, Köln und einigen anderen Städten statt und hatten nicht den Erfolg, den die Gründer der Partei erwartet hatten. Dennoch wurde nun von mehreren kommunistischen Kreisleitungen der Antrag gestellt, in ihrem Kreise gemeinsam mit den Genossen von der SPD eine SED gründen zu dürfen. Diesen Anträgen wurde unter gewissen Bedingungen entsprochen. Man durfte ein Comité zur Bildung einer SED aus den örtlichen Sozialisten und Kommunisten bilden. Gelang es einem solchen Comité innerhalb dreier Monate, die Mehrzahl der örtlichen Mitglieder beider Parteien

zum Beitritt zu bewegen, so sollten die bisherigen Organisationen der SPD und KPD in dem betreffenden Kreise
aufgelöst werden und die Führer sich in der neuen Partei
vereinigen. Der Zusammenschluß gelang in keinem Falle.

Nach diesem Mißerfolg änderte die KPD ihre Taktik
der SPD gegenüber. Das Liebeswerben um die Führung
hörte auf, und man versuchte, die Massen von ihren Führern zu trennen. Die Angelegenheit der Sonderschichten,
von der wir gesprochen haben, ist auch auf diesem Gebiet durchaus als Erfolg zu werten. Gelingt es den Kommunisten, die Massen in noch mehreren solchen Fällen
davon zu überzeugen, daß sie es sind, die die Interessen
der Arbeiterschaft wahrnehmen, während sich die Führer der SPD mit den deutschen Bürgerlichen oder mit
der Besatzungsmacht kompromittieren, so mag schließlich eine Isolierung der SPD-Führer die Folge sein. Die
deutsche Not und die unnachgiebe Haltung der Sieger
können nicht verfehlen, solche Gelegenheiten zu schaffen, und dies meinte Schumacher mit seinem Wort von
der antibritischen Politik der örtlichen Besatzungsbehörden: antibritisch und anti-Labour. So standen die Dinge
Ende 1946, als ich Deutschland verließ.

c) SPD

Die SPD, die wir bisher nur in ihren Beziehungen zu den
Kommunisten betrachtet haben, ging aus den Herbstwahlen als die stärkste Partei der britischen Zone hervor,
wenn auch nur um einige hunderttausend Stimmen stärker als die CDU und erheblich schwächer, was die Anzahl
der errungenen Sitze angeht. Das letztere ist eine Folge
des eigenartigen Wahlsystems, auf das wir noch zu spre

chen kommen; da aber das Faktum der Übermacht der Christlichen Demokraten für den weiteren Verlauf der Parteigeschichte in der Zone bedeutend ist, so erwähnen wir es schon hier. Im Lande Nordrhein-Westfalen ist die CDU nach Stimmen und Sitzen die stärkste Partei. Die Hauptstärke der SPD liegt in Hamburg und Hannover, den evangelischen Großstädten, nicht im katholischen Rheinland.

Man kann wohl kaum sagen, die SPD verdanke ihren Erfolg ihrem Programm. Das Programm folgt in seinen Grundzügen mehr der reinen marxistischen Linie als das der KPD, die deshalb von den SPD-Leuten für überflüssig erklärt wird. In praxi kommen beide Programme im wesentlichen auf dasselbe hinaus. Auch die SPD will die Schwerindustrie nationalisieren, auch sie will Enteignungen des Großgrundbesitzes zur Durchführung einer Bodenreform, die freilich nicht ganz so weit geht wie die im Osten durchgeführte, da man die kleinen Bauernstellen, die dort geschaffen wurden, für unwirtschaftlich hält. Auch sie will, auf der anderen Seite, das kleine Gewerbe und das Handwerk nicht antasten, und die Ökonomen der Partei, der Oppenheimer-Schüler Nölting und Victor Agartz, sprechen von Wirtschaftsdemokratie und Genossenschaft. Man darf wohl fragen, ob der Mann auf der Straße in Deutschland überhaupt viel von diesen Programmen versteht oder wissen will. Man will »mit der Reaktion aufräumen, die uns ins Unglück gestürzt hat«, gewiß, man fühlt allgemein, daß es Zeit für eine grundlegende Änderung der deutschen Wirtschaftsform sei. Man spürt dies auch im »christlichen« Lager. Wenn also von Nationalisierung der Großindustrie und von der notwendigen Bodenreform gesprochen wird, so klatscht wohl die große Mehrheit der Wählerschaft Beifall; aber um die feinen Unterschiede zwischen einem Sozialismus dieser oder jener Prägung machen sich wohl nur wenige ernsthaft Sorgen. Und wenn die SPD die Einheit des Reiches auf einer weniger zentralistischen Grundlage anstrebt als die KPD, so ist es doch vor allem die starke Betonung der Einheit gegenüber jedem Partikularismus oder gar Separatismus, die vom Volk aus solchen Reden herausgehört und gutgeheißen wird.

Das Programm ist also kaum für den Erfolg der Partei verantwortlich zu machen, vielmehr sind es zwei Gründe, von denen der eine ein negativer ist, der andere ein positiver.

Einmal liebt man die SPD um dessentwillen, was sie *nicht* ist. Sie gestattet es dem Arbeiter, marxistisch zu sein, ohne dabei russisch zu werden. Sie gestattet es dem religiös indifferenten Bürger, gegen die Revolution zu sein, die vom Osten her droht, ohne sich dabei kirchlich zu geben. Sie bietet eine breite Ebene der Sammlung für die, denen Deutschland mehr am Herzen liegt als die »rote Internationale« oder das »christliche Abendland«. Hier ist der SPD ihre Unabhängigkeit von den Interessen einer anderen Macht von entschiedenem Vorteil. Die SPD ist ebenso orthodox in Fragen der Westgrenze wie die KPD, aber sie hat es sich nie nehmen lassen, auch nicht zu einer Zeit, als dies noch zu den verbotenen Äußerungen gehörte, gegen die Potsdamer Regelung im Osten zu protestieren. Sie durfte dabei allerdings mit der Toleranz rechnen, die England einer Partei entgegenbringen würde, die ihm im Grunde mehr als jede andere sympathisch sein muß. Was der Führer der deutschen Konservativen (»Deutsche Rechtspartei«), Herr von Ostau, in einer Rede in Münster im vorigen Sommer sagte, wirft ein bezeichnendes Licht nicht so sehr auf die SPD als auf einen Teil ihrer Wählerschaft. »Das Zentrum«, sagte von Ostau, »erklärt sich bereit, mit jeder Partei eine Koalition einzugehen. Wir sind hierzu nicht bereit. Nie werden wir etwa mit dem Zentrum oder mit der CDU zusammengehen, und daß wir nicht mit den Kommunisten gehen werden, versteht sich von selbst. Ich muß aber eine Ausnahme für die SPD machen. Wir sind durchaus bereit, die SPD zu stützen. Die SPD, liebe Freunde, ist heute nicht mehr die alte, marxistische Partei, als die sie sich vielleicht noch gibt. Niemand in deutschen Landen hat entschiedener die deutschen Interessen seit dem Zusammenbruch vertreten als Kurt Schumacher. Er hat es in einer Weise getan, die der Führer einer Rechtspartei sich wohl hüten würde nachzuahmen. Schumacher hat unsere Unterstützung.«

Die SPD ist eine Partei des Common sense. Man darf ihr getrost seine Stimme geben, ohne sich damit für einen bedeutenderen Umsturz einzusetzen, als es der sein wird, den man im Gefolge des Zusammenbruchs ohnehin nicht wird vermeiden können. Und man darf als Deutscher sicher sein, daß man sich damit weder Moskau verpflichtet noch Rom.

Der positive Grund für den Erfolg der SPD ist, scheint mir, in der Persönlichkeit ihrer Führer zu suchen. Was der englische Soldat zugunsten Max Reimanns zu sagen weiß, ist, »daß er gar nicht aussieht wie ein Kommunist!« Aber die Müller, Lichtenstein, Wascher sehen aus wie welche, und Schumacher, Böckler, Agartz sehen aus wie Deutsche. Schumacher verkörpert recht eigentlich das Deutschland, auf das Engländer wie Deutsche ihre Hoffnungen setzen. Ich hörte den englischen Sozialisten Fenner Brockway, jenen ehrlichen und warmherzigen Mann der Independant Labour Party, Schumacher beschreiben:

»Er stieg die Treppen zur Tribüne hinauf, auf zwei Genossen gestützt. Er schien völlig außer Atem, als er oben angekommen war, und hielt einen Augenblick inne, ehe er seine Ansprache begann. Ich sah ihn mir gut an, und mein Mut begann zu sinken. Einen Arm hat er im vorigen Kriege verloren, der rechte Ärmel hängt schlaff herunter; die Lippen fallen ein über den Kiefern, aus denen ihm die Nazis die Zähne ausgeschlagen haben, die Ohren stehen noch ab, an denen sie ihn gerissen haben. ›Nein‹, sagte ich mir, ›*der* führt *nirgends* hin, der ist zu Ende.‹ Er begann zu sprechen, und nach fünf Minuten wußte ich: Das ist der Mann.« Ich weiß nicht, ob ich Brockway hierin ganz folgen kann: Schumacher ist kein effektvoller Redner, wie Reimann einer ist. Er beginnt fortissimo und bleibt fortissimo bis zum Ende. Seine Anstrengung erregt mehr Mitgefühl als ungeteiltes Vergnügen, und seine Reden geben ihre volle Wirkung mehr dem Leser als dem Hörer zu erkennen. In der eigenen Partei gibt es bessere Sprecher, Gnoss und Agartz zum Beispiel. Trotzdem, dieser mißhandelte, keuchende Mann auf der Tribüne, dieser lange, bleiche Krüppel mit dem Turmschädel, den nahe beieinanderliegenden Augen, der fleischlosen, vorspringenden Nase stellt das Deutschland dar, dem man Vertrauen schenken darf, wenn man denn bereit ist, irgendeiner Erscheinung in Deutschland Vertrauen zu schenken. Seine Formeln sind schlagend, sein beißender Witz trifft unbedingt, seine Worte gehen von Mund zu Mund. Wenn etwas aus diesen gequälten Jahren übrigbleibt, so ist es Schumacher. Nicht allerdings als ein neuer »Führer«, obwohl das deutsche Publikum in seiner Haltlosigkeit ihn gern als einen »Führer« akzeptieren möchte.

Mit einem Programm, auf das große Teile des deutschen Volkes sich einigen könnten, mit einer Reihe überzeugender Persönlichkeiten in der Führung, mit der mehr oder weniger ausgesprochenen Billigung der Besatzungsmacht scheinen die Aussichten der SPD günstig. Es hängt im wesentlichen von der Besatzungsmacht ab, ob sie es wirklich sind. Eben die Tatsache, daß sie sozusagen Regierungspartei ist, stellt für die SPD eine Belastung dar, an der sie bei fortschreitender Verschlechterung der Lage scheitern kann. Schumacher hat es in Köln im September ausgesprochen: »Wenn das deutsche Volk wieder die Erfahrung macht«, sagte er, »daß Demokratie das ist, was immer dann eintritt, wenn das Volk am Boden liegt, wenn Trümmer, Hunger, Arbeitslosigkeit, Hoffnungslosigkeit den Hintergrund für diese Demokratie abgeben, wenn das Volk schließlich Demokratie gleichsetzt mit Verzweiflung, dann kann die SPD die Verantwortung auf die Dauer nicht übernehmen. Es ist uns nicht bange vor dem Rückgang in den Stimmen der Partei, der sich unter solchen Umständen einstellen muß. Wir haben die Jahre durchgestanden, in denen ein kleiner Kreis von Sozialdemokraten unter Gefahr und Beschränkung weiterarbeiten mußte. Damals hatten wir eine Hoffnung. Heute geht es darum, ob diese Hoffnung berechtigt war. Es handelt sich darum, daß die Werte, für die wir damals geradestanden, daß diese Werte selbst in der Katastrophe des deutschen Volkes unwiederbringlich verlorengehen. *Dafür* können wir die Verantwortung nicht übernehmen.«

Der Rede folgten neun Bedingungen an die Besatzungsmacht, von deren Erfüllung die Partei ihre Mitarbeit abhängig machte. Es klang wie ein Ultimatum, und dies Ultimatum trug zu dem Sieg im zweiten Wahlgang nicht wenig bei: Die SPD hatte den Mut gehabt, die deutsche Sache zu vertreten. Aber der SPD wurde vor ihrem eigenen Mut bange. Schon das »Ultimatum« selbst forderte zwar »schleunige« Hilfe, hütete sich aber wohl, eine Frist für die angedrohte Non-Cooperation zu geben. Im Gegenteil, Schumacher betonte in Köln, daß die SPD auf jeden Fall erst die Wahlen und »die im Winter folgenden politischen Ereignisse« abwarten wolle. Gemeint war die Konferenz über Deutschland, die damals auf den November angesetzt war. Inzwischen ist einiges Wasser den Rhein hinuntergelaufen, und schließlich ist der Rhein zugefroren und man erfriert in ungeheizten Unterkünften. Es folgte die Ankündigung der Zonenzusammenlegung und der anglo-amerikanische Fünfjahresplan, von der Presse der SPD als »der erste Schritt« und »Wendepunkt« begrüßt; aber man hungert trotz des Fünfjahresplans und unter dem Fünfjahresplan. Es folgten Ankündigungen über ein Aufhören der Demontagen und am nächsten Tage eine Liste neuer Demontagen, Sprengungen von Werften und Stillegungen von *Zementfabriken* (!). Es folgte die Einladung der SPD-Delegierten nach England und der freundliche Empfang, der ihnen dort an höchster Stelle bereitet wurde, aber dann die neue Annäherung an Rußland und das Bündnis mit Frankreich, das »den französischen Wünschen bezüglich Ruhr und Rhein mehr als bisher Rechnung zu tragen« verspricht. Die England sympathische unter den deutschen Parteien wird von England nicht beständig genug gestützt. Rauhere Stimmen erheben größere Forderungen. Die Musik kommt uns, denke ich, bekannt vor.

d) CDU

Es war einsichtigen Beobachtern schon vor dem Zusammenbruch klar, daß der Nationalsozialismus zwei mögliche Erben haben könnte: den Marxismus und die Religion. Sie haben sich beide gemeldet, der Marxismus in der KPD und die Religion, in politischem Gewande, in der CDU. Die SPD ist die neutrale Ebene zwischen den beiden.

Die Christlich-Demokratische Union einfach als eine getarnte Zentrumspartei aufzufassen wäre falsch. Die Zentrumspartei war eine katholische Interessenvertretung, und wenn die CDU in ihrer Mehrheit katholisch ist, so liegt das vielleicht einfach daran, daß die Katholiken in Deutschland von jeher der Religion eine bedeutendere Stellung in ihrem Leben eingeräumt haben als die meisten Protestanten. Ebenso falsch würde es sein, das Wort »christlich« in der CDU so zu verstehen wie bei den Christlich-Sozialen der Stoeckerzeit, nämlich als nichtjüdisch oder anti-jüdisch. Ich will hier nicht als Gegenbeweis die Berliner Anomalie anführen, daß nämlich der dortige örtliche Parteivorstand ein Herr Kantorowicz ist. Juden hat man immer in leitenden Stellungen bei ihren Feinden gefunden. Aber hier ist von Christentum in diesem Sinne nicht die Rede. Die Gründer der CDU halten sich vielmehr ans Christentum als eine Lehre, die einen jeden weltlichen Totalitätsanspruch zurückweist, komme er von rechts oder von links. Sie glauben nicht, daß es solchen Ansprüchen gegenüber auf die Dauer genügen kann, vernünftig zu sein, wie es die guten alten SPD-Gewerkschafter sind, ohne die Stütze zu haben, die die christliche Lehre von der Freiheit der Persönlichkeit und vom Naturrecht dem religiösen Menschen gewährt. Sie können sich auf Maritain berufen (Les Droits de l'Homme) oder auch auf Gollancz (Our Threatened Values). Christentum ist für sie europäisches Erbe, und sie meinen, Europa wird christlich sein, oder es wird nicht sein.

Sich aufs Christentum zu berufen gewährt einem Volk, das so wie das deutsche sich auf Gnade oder Ungnade hat ergeben müssen, auch den Vorteil, daß es christliche Gesinnung von sich selbst und von den Siegern fordern darf. Man ist bereit, christlich zu handeln, aber man hat auch Anspruch darauf, christlich behandelt zu werden.

Indem man sich auf das gemeinsam Christliche beschränkte, hoffte man zugleich, den Gegensatz der Konfessionen zu überbrücken, der sich in der deutschen Politik von je unheilvoll ausgewirkt hat; aber freilich ist das nicht so leicht getan, wie denn das neue Zentrum – es gibt auch diese Partei wieder – nicht müde wird, darauf hinzuweisen, daß »christlich« in politicis gar nichts bedeute. Die Katholiken haben eine politische Doktrin, sagen die Zentrumsleute. Die Calvinisten haben eine andere. Die katholische ist heute reif für einen christlichen Sozialismus. Die calvinistische steht hinter dem amerikanischen Hochkapitalismus. Wo es sich um eine Entscheidung der praktischen Politik handelt, sagen wir um Bodenreform, Zerschlagung der Konzerne, Wahlrecht, kann christliche Gesinnung nicht als Richtschnur dienen. Der Christ kann für Latifundien sein oder für Bauernwirtschaften, für Monopolkapitalismus oder für Sozialismus. Das Wort »christlich« in die Politik einzuführen sei eine Irreführung oder doch eine Selbsttäuschung. Man kann diese Kritik schwer von der Hand weisen. Christentum kann mit den widersprechendsten politischen Interessen verbunden werden, und für die Zukunft der CDU ist es entscheidend, welche Interessen in der Partei schließlich die Oberhand gewinnen werden.

Die CDU wird denn auch aus den verschiedensten Quellen gespeist. Da sind zunächst die alten christlichen Gewerkschaften, Kreise, die es an Entschlossenheit zu sozialer Erneuerung mit jedem SPD-Gewerkschaftler aufnehmen. Leute von der protestantischen Bekenntniskirche sind dabei. Die hohe katholische Geistlichkeit hat von vornherein der neuen Partei ihren Segen gegeben, und dieser Segen gab ihr gleichzeitig das Prestige, das diese Geistlichkeit sich durch ihren Widerstand gegen die Nazis erworben hatte. Sie gab der Partei ihren großen Mann, einen Mann, der es an Popularität mit Schumacher aufnehmen konnte. Der Bischof von Münster, Kardinal Graf von Galen, war der Inbegriff unabhängiger, männlich-christlicher Haltung, und wie er sich nicht gescheut hatte, den Nazis »ein kräftig Wörtlein« zu sagen, so war er auch einer der ersten, die die Unbill der Sieger nicht schweigend hinnahmen. Der Tod des Kardinals ist ein unersetzlicher Verlust, und der Schaden ist umso größer, als sein Geist im Volk in einer Weise spukt, die er sich wohl würde verbeten haben. Man hat in Tausenden von Exemplaren eine »Rede des Kardinals in Rom« verbreitet, dem Stil und Geist nach das Machwerk eines Priesters der untersten Stufe, in der nach kurzer katholischer Einleitung die kochende Volksseele zum Ausdruck kommt und in reinstem Nazi-Stil die kommende Vergeltung den Peinigern des deutschen Volkes in Aussicht gestellt wird. Die »Rede« erregte Begeisterung weit über den katholischen Volksteil hinaus, und man schloß allgemein, daß es »nun doch wohl klar sei, daß die Engländer den Kardinal vergiftet haben, als er aus Rom zurückkehrte«. Daß die katholische Presse vor der Fälschung gewarnt hat, kann die Freude wenig mindern. »Das haben die Engländer von ihr verlangt«, sagen die Leute. Man braucht in Deutschland nicht die Leute von Nürnberg als Märtyrer. Die sind discreditiert. Die unterdrückte Empörung heftet sich an reinere Gestalten und fälscht sie in Nazis um, wenn sie nichts mehr dagegen sagen können. Man tut das unbewußt; man ist sich keineswegs im klaren, daß es Nazi-Meinungen sind, die man dem großen Widersacher von Goebbels in den Mund legt. Herr von Ostau steht hinter Schumacher – wie *er* ihn sieht –, und die unbewußten Nazis machen einen Nationalhelden zweifelhafter Art aus dem Kardinal. Keine Denazifizierung kann diese Tendenz treffen, und wie es um die »reeducation« steht, wird an diesem Fall so recht klar. Die CDU, das liegt in ihrer Natur, ist dieser Gefahr besonders stark ausgesetzt.

Neben den christlichen Gewerkschaften und der hohen Geistlichkeit sind die Leute des Zwanzigsten Juli ein bedeutendes Element in der CDU. Dieser Kreis ist in sich keineswegs einheitlich. Zu ihm gehörten Demokraten, wie Goerdeler, Jungkonservative, Offiziere; der »soziale General« von Schleicher war ein Vorläufer dieser Widerstandsbewegung, wie denn überhaupt der 30. Juni 1934 mit dem 20. Juli 1944 einiges zu tun hat. »Langsame Arbeit«, sagte ich dem Oberbürgermeister von Herford, als er mir diese Zusammenhänge darlegte. »Die Armee war nicht fertig«, erwiderte er. »Die Generale waren nicht eher bereit mitzumachen; und ohne die Armee konnten wir nicht handeln.« – »Ich weiß«, gab ich zurück, »in Deutschland muß die Revolution immer von der hohen Obrigkeit genehmigt werden.« – »Da Sie die hohe Obrigkeit erwähnen«, sagte der Bürgermeister, »vergessen Sie nicht, daß wir Christen sind! Der Mord an der Obrigkeit ist uns nicht gestattet, und auch Hitler war gesetzliche

Obrigkeit.« Diese Zwanzigster-Juli-Leute sind im wesentlichen Protestanten; auch der Bürgermeister, mit dem ich sprach, ist Protestant und nimmt auch als solcher eine wichtige Stellung in der Partei ein. Zu diesen Zwanzigster-Juli-Leuten gehören viele ehemalige Deutschnationale. Der Bürgermeister, heute durchaus zum linken Flügel der CDU zu rechnen und zweifellos ehrlich in seinen Bemühungen um Bodenreform und Wirtschaftsdemokratie, gehörte ebenfalls der DNVP an. Es ist nichts gegen solche Leute zu sagen; aber ihre Gegenwart in der Partei macht anderen, weniger erwünschten Elementen Mut, ihr beizutreten.

Es war das unvermeidliche Schicksal der CDU, daß sie von solchen rechtsstehenden Elementen überlaufen wurde, die woanders keine politische Heimat fanden. Nicht daß sie sich nicht, vielleicht strenger als andere Parteien, gehütet hätte, nominelle Nazis aufzunehmen (wenn sie auch bald dahinterkam, daß es eine Unmöglichkeit ist, die vielen, die sich nur wenig versündigt hatten, auf Lebenszeit zu politischer Unmündigkeit zu verdammen); aber die deutschen Bürger fanden bald heraus, daß sie »selbstverständlich« in diesen Kreis gehörten. Jener Kreisleiter der Bauernschaft im Jägerhut und mit einer stolzen Vergangenheit im Kriegerverein antwortete auf die Frage, was er wählen würde, »so rechts wie möglich«. »Und das ist?« – »Natürlich CDU.« Jener Fabrikdirektor in Bielefeld antwortete auf die gleiche Frage: »Sie müssen mich gar nicht fragen. Sie können es sich wohl denken. Ich bin streng christlich erzogen und war immer ein Demokrat.« Besonders die Frauen schlossen sich der Partei der besseren Stände gern an, wobei der Hinweis auf das Religiöse von großer Anziehung war, und mancher sozialdemokratische Politiker sagte nach den Wahlen: »Die

Frauen waren es wieder. Die Frauen haben uns den Hals gebrochen.« Bauern, Frauen, verschüchterte Kleinbürger und große Herren laufen der Partei zu, und der ursprüngliche Kern von christlichen Gewerkschaftlern, überzeugten Katholiken und Bekenntnischristen findet sich da in einer eigenartigen Gesellschaft. Was besonders die großen Herren angeht, so reicht diese Schicht etwas weit nach rechts, und man weiß, daß auch der alte Hugenberg, als er noch auf seinem Gut saß, sich eines Tages »zur Verfügung stellte«.

Die Industrie steht zur Partei, und sie, die Partei, stellt keinen geringen Teil des Personals, das die hohen Posten der Verwaltung innehat. Das ist nicht unnatürlich, wenn man bedenkt, daß es in Deutschland nicht mehr viele Sozialisten und Kommunisten mit Erfahrung in Verwaltungsdingen gibt. Die annehmbarsten Persönlichkeiten waren dann solche ehemaligen Deutschnationalen oder Leute der Deutschen Volkspartei, die sich unter dem Regime verhältnismäßig sauber gehalten hatten und im besten Fall in irgendwelcher Verbindung mit den Ereignissen des 20. Juli standen. Solchen Leuten gegenüber war man von englischer Seite geneigt, fünf gerade sein zu lassen. Die CDU hat sich denn auch für ein »unparteiisches« Beamtentum, ein Beamtentum der »Fachleute«, eingesetzt, und sie durfte sicher sein, daß solche »Fachleute« ihr nahestünden.

So ist denn der Vorwurf der Reaktion nicht unberechtigt, der von der Linken gegen die CDU erhoben wird, und die Männer, die die Partei im Sommer 45 gegründet haben, sind einigermaßen verlegen über den Zuwachs, der ihnen aus reaktionären Kreisen zuteil wird. »Sprechen wir doch einmal nicht von christlicher Doktrin, vom Abendlande und von der roten Flut des Materialismus«,

106

sagte ich einem dieser Überzeugten. »Sehen Sie sich Ihre Fahrtgenossen an: Wer, meinen Sie, ist der bessere Christ, wenn's darauf ankommt, Hugenberg oder Schumacher? Und wem von beiden kann man mit größerem Recht den Vorwurf des Materialismus machen? Die CDU wird überschwemmt von Elementen, die von Christentum und europäischer Idee weniger wissen wollen als die Sozialisten. Sie kann an ihnen zugrunde gehen.« – »Wir brauchen diese Leute«, war die Antwort. »Wir können auf diesen Zuwachs an Macht nicht verzichten!«

Die Spannung innerhalb der Partei ist groß. Beinahe ständig finden Annäherungsversuche zwischen ihrem Gewerkschaftsflügel und den Sozialisten statt, und Beobachter, bei denen der Wunsch der Vater des Gedankens ist, sprechen seit einem Jahr von dem »unmittelbar bevorstehenden Auseinanderbrechen der CDU«. Aber die Partei hält zusammen. Unter der geschickten Leitung ihres Führers in der britischen Zone, Konrad Adenauer, beschwichtigt sie die linken Elemente durch das Programm eines christlichen Sozialismus, gewinnt sie überzeugte Liberale durch ihren Föderalismus, den sie dem »gefährlichen preußischen Zentralismus der Marxisten« entgegenstellt, wohl wissend, daß sie die Konservativen in ihren Reihen durch solche Programmpunkte nicht aus der Ruhe bringt. Sie braucht weniger aggressiv nationalistisch zu sein als die Marxisten, da sich der Nationalismus bei ihr von selbst versteht. Sie nennt sich »die einzige *neue* Partei« und hat damit formal ganz recht. Aber für den deutschen Wähler ist sie die gute alte Partei, die Partei, die am wenigsten Umstellung von ihm verlangt, die ihm in der Betonung des Christlichen und des Europäischen einen festen Anker gibt gegen die Mächte des Unbekannten, vor dem ihm graust.

Nach den Wahlen befindet sich die CDU in der britischen Zone in starker Stellung, im Lande Nordrhein-Westfalen dominiert sie. In fast allen Kreisen hat sie dort die Mehrheit, in vielen die absolute Mehrheit in den Kreisvertretungen. Die SPD muß zur Zusammenarbeit bereit sein. In der Frage der Sonderschichten hat die CDU sich auf die Seite der Bergarbeiter gestellt, wie die Kommunisten, allerdings erst, als man sehen konnte, wie der Hase lief. Es war ein ausgezeichneter Schachzug gegen die SPD. Die wachsende Macht der CDU gibt den Kommunisten eine neue Rechtfertigung in ihrem Kampf gegen die Reaktion, die »Morgenluft wittert«, und die SPD, »die ihr Spiel spielt«. Im Osten, sagen sie, ist man mit solchen Erscheinungen fertig geworden. Im Osten gibt es Bodenreform, Nationalisierung, Rechtsreform und keine geheimen Weinabende »christlicher« Großindustrieller in dem gleichen Düsseldorf, dessen Hotels schon einmal, im Jahre 32, gewisse folgenschwere Zusammenkünfte solcher Herren über der Flasche Wein gesehen hätten. Im Osten gibt es keine »Fachleute« wie den deutschnationalen Leiter des Amtes für Landwirtschaft und Ernährung, der die Bodenreform verhindert und den schwarzen Markt beschützt. In der Besatzungszone einer kapitalistischen Macht dagegen ... (kapitalistisch auch unter einer Labour-Regierung) ...

Man kann dem schwer widersprechen. »In der CDU«, sagt Schumacher, »macht der linke Flügel die Doktrin, aber der rechte macht die Politik.« Wenn die CDU zusammenhält, so ist Schumachers Partei zwischen ihr und der KPD in einer schwierigen Lage.

Von zwei Seiten her wird der Zusammenhalt der CDU bedroht, obwohl die Bedrohung bisher nicht ernst ist: von der DRP, der konservativen Deutschen Rechtspartei, und vom Zentrum.

108

e) DRP

Die DRP ist konservativ und monarchistisch. Sie geht auf die Jungkonservativen vom Schlage Rauschnings zurück, auf die Offiziere des Zwanzigsten Juli und auf die Deutschvölkische Freiheitspartei, die sie – so sagt wenigstens ihr Führer Herr von Ostau – von ihrem Antisemitismus gereinigt habe. Weshalb die Deutschvölkische Freiheitspartei sich in einen Gegensatz zu den Nazis begeben hat, der so stark war, daß die Nazis ihren Führer, Reinhold Wulle, vier Jahre lang ins KZ gesteckt haben, ist mir nie ganz klar geworden. Ein Forscher, der sich mit den politischen Nuancen der zwanziger Jahre beschäftigt, wird zweifellos die Antwort geben können. Genug, die DRP lehnt Hitler mit der gleichen Entschiedenheit ab, wie die anderen Parteien dies tun, und kann dafür ihre historische Rechtfertigung erbringen und auf ihre Märtyrer hinweisen. Man kann vielleicht sagen, daß in ihren Augen Hitler einer ist, der eine gute Sache mißverstanden und in ihr Gegenteil verkehrt hat. Er hat die deutsche Freiheit auf völkischer Grundlage in die »undeutsche« Diktatur des totalen Staates verwandelt. In solchen Wortspielen und Gegensätzen ist von Ostau Meister. Militarismus, sagt er: nein! Aber soldatischer Geist: ja. Totaler Staat: nein. Aber Preußentum im Sinne Möllers und Spenglers: ja. Herrenvolk: nein. Aber völkisches Bewußtsein: ja. Marxismus: nein. Aber Schumacher: ja. Junkertum: nein. Aber Adel: ja. Nur zum Kommunismus sagt er ein donnerndes Nein; und zu der CDU. Die CDU ist ihm die unehrliche Verklitterung reaktionärer Politik (Reaktion: nein. Konservatismus: ja) mit sogenanntem christlichen Bekenntnis.

Man darf der DRP getrost einräumen, daß sie ehrlich

ist. Sie hat den Mut, konservativ zu sein. Sie ist die einzige Gruppe, die nicht an dem wütenden Geheul gegen das Preußentum teilnimmt, die darauf verzichtet, über die letzten zwölf Jahre hinaus die ganzen letzten 200 Jahre aus der deutschen Geschichte auszuschneiden (wie es die anderen tun) und in Bismarck und Friedrich Kriegsverbrecher zu sehen. Aber eben wegen ihrer Ehrlichkeit ist sie der CDU nicht – oder noch nicht – gefährlich. Die Herren, die in der CDU ein demokratisch-christliches Unterkommen gefunden haben, denken gar nicht daran, ihren Konservatismus zu bekennen. Es ist dazu noch nicht an der Zeit. Man lacht über die DRP, man zuckt die Achseln. Es bleibt abzuwarten, ob sie oder eine andere Partei rechts von der CDU sich zu etwas entwickeln wird, worüber man nicht die Achseln zucken kann.

f) Zentrum

Der andere Widersacher der CDU ist das Zentrum. Die Entwicklung, die die CDU nahm, mußte das Zentrum wieder auf den Plan rufen. Einer seiner Führer, Dr. Stricker, jetzt Minister im Kabinett des Landes Nordrhein-Westfalen, setzte mir die Gedanken auseinander, die diese neue Partei vertritt.

»Die heutige Parteienkonstellation«, sagte Stricker, »wird praktischer Arbeit nicht standhalten. In der britischen Zone halten sich die Linken und die CDU etwa die Waage; man wird also Koalitionen haben, die nicht arbeitsfähig sind, wie das in Weimar der Fall war. Das Unerfreuliche ist, daß ein Schnitt durch das Volk geht: Auf der einen Seite stehen die Marxisten, auf der anderen die Besitzenden, die sich christlich nennen. Das Wort christlich wird dadurch, wie schon einmal, in eine Verbindung mit Reaktion, Besitz, ›vested interests‹ gebracht, die unhaltbar ist. Christentum hat mit Besitz nichts zu schaffen, und die Konservativen sollten die Religion nicht politisch mißbrauchen. Für den christlichen Gedanken ist kein Raum in der Politik. Es kann eine katholische Partei geben. Das ist etwas Greifbares. Eine christliche Partei entzieht sich der sauberen politischen Definition. Die Unhaltbarkeit dieser Sache muß sich herausstellen, sobald die Parteien beginnen, Verantwortungen zu tragen. Dann wird guten Christen die Rolle nicht recht sein, den Deckmantel für wohlbekannte Interessen herzugeben. Kann denn die CDU überhaupt bestimmte Interessen vertreten? Was werden die sozialistischen Elemente in der Partei dazu sagen, wenn sie mithelfen sollen, die Stellung der deutschen Großindustrie wieder aufzurichten? Die CDU muß in ihre heterogenen Teile auseinanderfallen. Und nun sehen Sie sich auf der anderen Seite die SPD an: Sie ist zwar eine weit homogenere Gruppe als die CDU, aber glauben Sie, ihr linker Flügel wird auf die Dauer der Versuchung widerstehen können, mit den Kommunisten sich in einer Art sozialistischer Einheitspartei nach Berliner Muster zu vereinigen? Und wenn das geschieht, glauben Sie, die Art von SPD-Wählern, die nicht orthodox marxistisch sind, die Leute, die mehr hinter Schumacher stehen als hinter der marxistischen Doktrin der Partei, würden in einer sozialistischen Einheitspartei bleiben können? Dieser rechte Flügel der SPD, zu dem Schumacher selbst gehört, sieht sich zu einem Kampf nach zwei Seiten verdammt, der ihm nicht natürlich ist. Man darf sagen, daß er den Leuten der Christlichen Gewerkschaft in der CDU näphersteht als den Kommunisten. So hat die heutige Gruppierung der deutschen Parteien etwas Unwirkliches: Da schlägt sich das Volk mit einer ›Reaktion‹ herum, die nicht recht greifbar ist. Da versucht Schumacher zu beweisen, daß man als Sozialist durchaus christlich sei, und die Leute von der CDU sagen, man sei doch als Christ ohnehin ›sozial‹. Es ist Ihnen sicher nicht entgangen, daß die Fronten heute schief verlaufen, daß der Bürgerkrieg, der sich in der Presse austobt, im Volk gar nicht als wirklich empfunden wird. Was not tut ist eine Partei der Mitte, die den linken Flügel der CDU und den rechten Flügel der SPD umfaßt. Das neue Zentrum ist der Kristallisationspunkt dieser Mittelpartei. Wenn verantwortliche Arbeit beginnt, wird diese Mitte sich finden. Dann wird die linke SPD mit den Kommunisten zusammen die eine große marxistische Partei bilden, und der rechte Flügel der CDU wird als das erscheinen, was er wirklich ist. Wir werden eine Art Labour Party haben, eine Communist Party und eine Conservative Party, und mit einer solchen gesunden Anordnung wird politische Arbeit möglich sein.« »So ist also das neue Zentrum«, fragte ich, »keine christliche Partei?« »Beileibe nicht. Es ist auch keine katholische Partei. Es ist, wie sein Name sagt, eine Partei der Mitte.«

Schumacher ist für diese Gedanken empfänglich und führenden Zentrumsleuten wie Spiecker durch Freundschaft verbunden. Man traf sich bei gemeinsamen Bekannten und auch bei den Dominikanern in Walberberg, den politisch gebildeten Patres, die, so sagt man, Schumacher schließlich sogar zur Anerkennung des nicht eben marxistischen Jus naturale brachten. Man darf wohl sagen, daß die Orden, Dominikaner und Jesuiten besonders, nicht so unbedingt hinter der CDU stehen wie die Bischöfe und daß sie die geplante Vereinigung von linker CDU, rechter SPD und Zentrum als tragender Mitte begrüßen würden.

»Ich hätte gewünscht, die CDU wäre seinerzeit nicht gegründet worden«, sagte mir ein Jesuitenpater in Büren. »Ich kann mir unter einer ›christlichen Partei‹ nichts vorstellen. Da sie aber einmal gegründet ist und da sie jenes unorganische Gemenge von christlichen Sozialisten und Schwerindustriellen wurde, so sehe ich eine Lösung nur in der Idee, die Ihnen Dr. Stricker vom Zentrum entwickelt hat. Die Frage für mich ist nur die, ob das Zentrum tragfähig genug sein wird, diesen notwendigen Zusammenschluß zu bewirken. Sie haben die Bauern hier in der Gegend gefragt, was sie im Herbst wählen werden. Die Gegend ist streng katholisch, und Sie haben sicherlich eine große Anzahl von Zentrumsstimmen erwartet. Ich nehme an, Sie sind enttäuscht worden (er hatte recht). Nun, die Leute hier wissen nicht recht, was sie von dem neuen Zentrum halten sollen, das nicht christlich sein will und nicht einmal katholisch. Das alte Zentrum, meinen sie, heißt eben heute CDU. Auf der anderen Seite mißtrauen aber auch solche Liberale dem Zentrum, die zwischen der SPD und der CDU stehen und die sich eigentlich zu dem neuen Zentrum hingezogen fühlen sollten. Für sie ist der Name der alten Firma ein Stein des Anstoßes: Sollten diese Wölfe im toleranten Schafspelz, so ist ihr Gedankengang, im Grunde doch nichts anderes sein als eine klerikale Partei?«

Der Pater hat die Gefahren richtig gesehen. Die Wahlen brachten dem Zentrum einen geringen Erfolg, und eine Anzahl seiner Mitglieder verließ die Partei und ging zur CDU über. Es sieht so aus, als ob das Zentrum auseinanderbricht, nicht die CDU. Die CDU hat sich gegenüber der Bedrohung von rechts und von links als stabil erwiesen. Die »unwirkliche Front« in der deutschen Politik, von der Stricker sprach – ihre Unwirklichkeit drängt sich je-

dem auf, der sich nur oberflächlich mit deutscher Parteipolitik beschäftigt –, der »unechte Bürgerkrieg«, besteht
weiter.

g) Andere

Dies ist, in großen Zügen, die Stellung und Entwicklung
der neuen deutschen Parteien, wie sie sich mir als unpar-
teiischem Beobachter dargestellt haben. Die anderen
Splitterparteien, die es neben den drei großen, KPD, SPD,
CDU, und den beiden kleinen, DRP und Zentrum, noch
gibt, ändern nichts an diesem Bild. Die FDP, Freie Demokratische Partei, eine Neuauflage der alten Deutschen Demokratischen Partei, würde wohl in die vom Zentrum geplante Partei der Mitte hineingehen, wenn auch mit einer
kapitalistischen Reservatio mentalis. Die separatistische
Rheinische Volkspartei ist im Sterben, wenn nicht Frankreich sie noch einmal mit Geld galvanisiert. Von der Ra-
dikalsozialistischen Partei, der Freiwirtschaftlichen Vereinigung und ähnlichen braucht kaum gesprochen zu werden.

9

Verwaltung

Beim Lesen des vorigen Kapitels wird der Leser sich gefragt haben, was denn eigentlich die Funktion von Parteien sei, die keine wirkliche Verantwortung übernehmen
dürfen. Es wurde bereits gesagt, daß es vielleicht nicht im
Sinne der Besatzungsmacht war, die Parteien zu einem
Zeitpunkt wieder ins Leben zu rufen, in dem die Verwaltung noch nicht in ihre Hände gelegt werden konnte. Sie
hatten während dieser langen Monate in der Tat nichts
zu tun, als ein Schattenspiel von Demokratie aufzufüh-
ren, oder, um es weniger negativ auszudrücken, sie hatten
das Volk an das Funktionieren einer Demokratie schrittweise zu gewöhnen. Es war eine Art Vorschule. Welche
üblen Folgen diese Vorschule, oder dieses Schattenspiel,
gezeitigt hat, haben wir gesehen. Immerhin war das Erscheinen einer Presse, die nicht von der Besatzungsmacht
herausgegeben wurde, wie die ersten Mitteilungsblätter,
sondern die deutsche Meinungen zum Ausdruck bringen
durfte, ein entschiedener Fortschritt. Auch diese Presse ist
nicht frei von Beaufsichtigung; man darf aber sagen, daß
die Aufsicht milde ist. Die deutsche Presse drückt sich frei
und nicht selten scharf über die Politik der Besatzungsmacht und ihrer Verbündeten aus. Natürlich blieb die
Presse nicht von dem Geiste eines Parteikampfes ver-
schont, der umso heftiger geführt wurde, je weniger Rea-

lität den Parteigegensätzen innewohnte. Zur Zeit des Wahlkampfes war die Lektüre recht quälend, und wenn man bedenkt, daß in der britischen Zone die Zeitungen so ziemlich das einzig Neue waren, was man zu lesen bekam, so wird der Hunger nach Lesestoff, besonders in der Jugend, begreiflich. Wie in alter Zeit haben die Freien Demokraten die vornehmste und interessanteste Presse, so wie man auch unter ihnen einige der kultiviertesten Leute findet. Sie erfreuen sich darum allgemeiner Beliebtheit und Duldung, wenn auch niemand sie als Partei sonderlich ernst nimmt. An zweiter Stelle – und auch dies ist nach dem Vorhergehenden verständlich – steht die Presse des Zentrums.

Die Einführung der Parteien in die Verantwortung ging außerordentlich langsam vor sich, in der britischen Zone langsamer als in den anderen. Nach der Besetzung übte zunächst die Militärregierung in den Kreisen, Regierungsbezirken und Provinzen allein die Gewalt aus, wobei ihr ernannte Landräte und Oberbürgermeister in den ländlichen und städtischen Kreisen zur Hand gingen, und in den Bezirken und Provinzen ernannte Regierungspräsidenten und Oberpräsidenten mit ihren Ressortchefs. Die erste Verwaltungsreform bestand, etwa um die Jahreswende, darin, in den Kreisen Beiräte einzuführen, die vorläufig immer noch von der Besatzungsmacht ernannt wurden, bei deren Ernennung man aber einigermaßen das Kräfteverhältnis der Parteien in dem betreffenden Kreis berücksichtigte, soweit man sich ein Bild davon machen konnte. Gleichzeitig führte man, nach englischem Muster, eine Teilung der Gewalten durch dergestalt, daß man einer jeden deutschen Kreisverwaltung zwei Spitzen gab, den Oberbürgermeister oder Landrat und den Oberkreisdirektor oder Oberstadtdirektor. Man ging dabei von dem englischen Beispiel aus, daß der Mayor – in Deutschland also der Oberbürgermeister oder Landrat als Vorsitzender des Kreistages – *politisches* Haupt ist, während der Town Clerk – dem in Deutschland der neugeschaffene Posten des Direktors entsprach – ein unpolitischer Beamter ist, dessen Funktionen ausführender Natur sein sollen.

Man versprach sich von dieser Neuerung den Erfolg, daß der Beamtengeist aus der deutschen Verwaltung verschwinden würde. Das Haupt des Kreises sollte nicht mehr einer sein, der Befehle empfängt und weitergibt, sondern eine politische Persönlichkeit, dem eine Exekutive in Gestalt des Direktors zur Seite stand. Diese Form der Verwaltung war in England in Jahrhunderten einer demokratischen Entwicklung gewachsen. Ob man sie auf ein Deutschland übertragen konnte, das eben aus der schärfsten Form staatlicher Disziplin herausgebrochen worden war, bleibt fraglich. Zunächst führt die Teilung der Gewalten zu Kompetenzstreitigkeiten und einem Gefühl der Machtbeschränkung auf beiden Seiten. Da es immer noch die Militärregierung war, die in allen wichtigen Dingen das Sagen hatte, so war es schwer verständlich, warum der Militärregierung für die wenigen Aufgaben, die »selbständig« zu leisten waren, zwei Handlanger zur Verfügung stehen sollten anstelle von einem. Ferner wirkte sich die Teilung durchaus zum Nachteil der Linksparteien aus. Die Stelle des »unparteiischen« Direktors war den Leuten von der CDU gerade recht, und auch für die politischen Posten hatten sie mehr Kräfte zur Verfügung als die linken, die mit ihren Leuten haushalten mußten. Endlich erschwert auch diese Einrichtung, so wie jede Übertragung von politischen Formen einer Besatzungsmacht auf ihre deutsche Zone, die spätere Reichseinheit.

Der nächste Schritt in den Kreisen war der, die *ernannten* Beiräte und Bürgermeister (bzw. Landräte) durch *gewählte* zu ersetzen, und dies fand in den Herbstwahlen statt, von denen schon die Rede war. Hier nun hatte das deutsche Volk sich mit einer weiteren Übertragung zu beschäftigen, da die Wahl nach englischem System durchgeführt wurde, genauer, nach einem modifizierten englischen System; denn während 70 Prozent der Stimmen Personen gegeben wurden, nicht Listen, wurden die verbleibenden 30 Prozent proportional ausgewertet. Das Wahlsystem war verwirrend, und die Resultate waren es noch mehr. Hätte man die Reserveliste von 30 Prozent ganz fortgelassen und wirklich die Wahl nach englischem Muster als reine Personenwahl stattfinden lassen, so wäre das Prinzip im deutschen Volke besser begriffen worden. Da aber die Proportionalität sich doch am Ende wieder einschlich, so wurde nicht einmal die beabsichtigte Erziehung zur Demokratie nach englischem Muster erreicht. Diese Demokratie ist ja insofern keine mathematisch strenge, als sie die kleinen Parteien benachteiligt, ja möglichst zum Verschwinden bringt und unter den großen Parteien dazu neigt, einer ein entschiedenes Übergewicht zu geben. Da ein solches Übergewicht mit einer geringen Stimmenmehrheit in jeder »constituency«, ja praktisch mit einer Stimme Mehrheit, erreicht wird, so kann es auch ebenso leicht wieder verloren werden, wie man an den »landslides« bei englischen Wahlen sehen kann. Das System ist nicht »gerecht«, hat aber den Vorteil gegenüber dem Proportionalwahlrecht, daß es regierungsfähige Mehrheiten ermöglicht, die von einer Opposition überwacht werden, die jederzeit in die Lage versetzt werden kann, selbst Mehrheit und mithin Regierung zu werden. Die 30 Prozent Proportionalwahl machten dieses System unklar. Es sollte also doch wieder eine Beziehung zwischen Stimmen und Sitzen geben; aber diese Beziehung war so außer aller Proportion, daß die kleinen Parteien und die Linken, die stark im Nachteil waren, nicht müde wurden zu fragen, was denn bei einer »Demokratie« herauskommen sollte, bei der die Kommunisten 14mal so viele Stimmen brauchten wie die CDU, um einen Kandidaten durchzubringen.

Als die Wahlen durchgeführt waren, wurden die Militärregierungen in den Kreisen durch einen »Kreisresidenten« ersetzt, und die deutschen Behörden durften nun gewisse Verantwortungen selbst übernehmen.

Inzwischen war auch auf höherer Stufe, in den Provinzen, der Verwaltungsbehörde ein ernannter Rat von politischen Persönlichkeiten beigegeben worden. Die Einrichtung war jedoch nicht von langer Dauer, da man im Sommer 46 daranging, die britische Zone neu zu organisieren, ähnlich wie man das auch in den anderen Zonen machte. Man vereinigte mehrere Provinzen zu einem Land, und in der britischen Zone faßte man zunächst die Provinz Westfalen und die nördlichen Regierungsbezirke der alten Rheinprovinz (Koblenz und Trier sind französisch) zu einem Lande »Nordrhein-Westfalen« zusammen. Man nennt das allgemein den »Ruhrstaat«, und damit trifft man den Sinn dieser Staatenbildung. Man ernannte einen Ministerpräsidenten und ein Kabinett und vereinigte die Beiräte der beiden Provinzen zu einem Landtag von 200 Mitgliedern, der im Oktober feierlich in Düsseldorf eröffnet wurde. Man ist geneigt, in einer solchen Gründung eine Duodez-Republik zu sehen, aber man darf nicht vergessen, daß die zwölf Millionen Einwohner des Ruhrstaats das Zwanzigfache des Jishuv darstellen und daß seine Industrie einiges Gewicht hat.

Als die ernannte Verwaltung eben an die Arbeit gegangen war, zeigte das Wahlergebnis in den Kreisen, daß in der Zusammensetzung des Ministeriums sowohl als auch des Landtages die politischen Verhältnisse im Ruhrstaat allzuwenig berücksichtigt worden waren, und die CDU als die stärkste Partei verlangte noch vor den Wahlen für den Landtag, die im Frühjahr 47 stattfinden sollen, eine Umbildung der gegenwärtigen Regierung. Weder die anderen Parteien noch die Besatzungsmacht konnten sich diesem Wunsche versagen, und nach langem Hin und Her nahmen im Dezember ein »vorläufig endgültiges« Kabinett und ein ebensolcher Landtag ihre Arbeit wieder auf. Diese Arbeit war nicht nur durch die Anwesenheit der britischen Militärregierung gehemmt, sondern auch dadurch, daß eine Reihe der wichtigsten Ministerien wie Wirtschaft, Landwirtschaft-Ernährung, Verkehr nur eingeschränkte Befugnisse hatte. Sie unterstanden Behörden, die für die ganze Zone eingesetzt waren, und jetzt, nach der Zusammenlegung der britischen und der amerikanischen Zone, Behörden, die für beide Zonen gemeinsam handeln. Endlich zeigten die Staatshäupter im Ruhrstaat und den anderen Ländern der Zone die Neigung, ihre Kompetenzen selbst zu beschränken und eine Reihe wichtiger Funktionen vorläufig der Militärregierung zu überlassen, da solche Funktionen in naher Zukunft von Reichsbehörden ausgeübt werden sollen. Die Verhandlungen zwischen den Ländern über diesen Gegenstand warfen ein Licht auf zentralistische und partikularistische Tendenzen der Parteien; besonders aber wurde die tragisch zerfahrene Situation im Reich dabei deutlich.

Das nächste war, ein Wahlrecht auszuarbeiten, das sich den deutschen Wünschen und Gewohnheiten besser als das bestehende anpaßte. Dem Landtag war dabei von seiten der Besatzungsbehörde »volle Freiheit« gelassen, die Freiheit nämlich, das bestehende Verhältnis von 70 Prozent Personenwahl und 30 Prozent Reserveliste auf ein Verhältnis von 60 Prozent und 40 Prozent umzuändern. Der Ausschuß, der sich mit diesem Gesetz zu beschäftigen hatte, quälte sich rechtschaffen mit dieser seiner »Freiheit« und legte dem Plenum mit halbem Herzen einen Entwurf vor. Das Plenum hatte die Kühnheit, ihn nach zwei stürmischen Verhandlungstagen abzulehnen.

Die Verhandlungen riefen die trübsten Erinnerungen an den Weimarer Reichstag hervor. Es wurde weniger über das Gesetz gesprochen, als daß die Parteien Gelegenheit nahmen, einander »wieder einmal die Wahrheit zu sagen«. Es macht kein Vergnügen, erwachsene Männer einander zurufen zu hören: »Nazis! Profitierer!«; oder einen alten Politiker wie Adenauer sagen zu hören: »Eine Regierungspartei der Besatzungsmacht? Wir?? *Mir* hat man kein Bankett in London gegeben.«

Als alles zu Ende war, kam der Führer der Freien Demokraten zu mir, ein Mann von großer Vornehmheit und Kultur, und sagte: »Ich glaube nicht, daß Sie einen günstigen Eindruck von der jungen deutschen Demokratie erhalten haben.« Ich konnte kaum widersprechen und murmelte etwas von mangelnder Erfahrung und der Geduld, die man mit jungen Institutionen haben müsse. »Aber das ist ja das Betrübende«, sagte er. »Es sind doch alles alte Parlamentarier. Ein Adenauer, ein Henßler ...« – »Wir hoffen eben auf die jungen Parlamentarier«, meinte ich. Und ich hätte hinzufügen können, daß wir auf eine Zeit hoffen, in der ein Landtag sich an tatsächlichen Aufgaben wird bewähren dürfen.

10

Gewerkschaften

Das Problem der Verantwortung: Der Leser wird in dem, was wir in den letzten Abschnitten behandelt haben, diese Frage immer wieder auf sich zukommen sehen. Wie kann der gute Wille, die Einsicht, die Umkehr, denen man auf deutscher Seite begegnet, fruchtbar gemacht werden, wenn man ihnen die Hände fesseln muß? Vor dem Beobachter steigt die Befürchtung auf, das deutsche Volk möchte noch einmal auf den Weg des Faust gewiesen werden:

> Mußt ich nicht mit der Welt verkehren?
> Das Leere lernen, Leeres lehren?

> Und, um nicht ganz versäumt, allein zu leben
> Mich doch zuletzt dem Teufel übergeben?

Nirgends zeigt sich diese Gefahr deutlicher als in der Geschichte der Gewerkschaften.

Die deutschen Gewerkschaften waren, wie man weiß, die ältesten und bestorganisierten in der Welt, und die positive Leistung der Weimarer Republik, auf die man Kritiker gern hinweist, war im wesentlichen eine gewerkschaftliche Leistung. Ihre Geschichte geht in die Zeit Bismarcks zurück. Sie zu erzählen würde hier zu weit führen.

Am Ende der Republik standen die Gewerkschaften reich, mächtig und gut organisiert da, die einzelnen Produktionszweige waren alle in einem Allgemeinen Deutschen Gewerkschaftsbund zusammengefaßt, welcher auf allen Stufen der Organisation funktionierte, das heißt, der ADGB war nicht etwa eine »Dachorganisation«, die die Spitzen der einzelnen Verbände auf höchster Stufe zusammenfaßte, sondern er bestand auch in der Provinz und in der Ortsgruppe, so daß Fragen von allgemeinem Interesse für die Gewerkschaften auf allen Ebenen erörtert und erledigt werden konnten. Eine mögliche Gefahr dieser straffen Gliederung nach preußischer Art war, daß ein Schlag, der gegen das Haupt geführt wurde, alle Glieder lähmen konnte, wie das in der Tat im Mai 33 geschah.

Politisch waren die Gewerkschaften keineswegs einheitlich ausgerichtet. Da gab es neben den sogenannten »freien« Gewerkschaften, die in enger Beziehung zur SPD standen, die »christlichen«, die besonders im rheinisch-westfälischen Industriegebiet bedeutend waren, und die »Hirsch-Dunckerschen«, eine liberale Gruppe. Die »Freien« waren bei weitem die mächtigsten; ihre Tätigkeit wurde aber, besonders gegen Ende der Republik, nicht unerheblich durch eine Gruppe links von ihnen gestört, die sich Revolutionäre Gewerkschaftsopposition nannte und gelegentlich, wie bei dem Verkehrsstreik im Winter 32/33, mit den Nazis gemeinsame Sache machte.

Politische Uneinigkeit, innere Unsicherheit und der Wunsch zu temporisieren trugen wohl mehr als die straffe Organisation zu der Katastrophe bei, die die Gewerkschaften im Mai 33 ereilte. Sie begingen den Fehler, sich bei der nationalsozialistischen Maifeier im ersten Jahr des tausendjährigen Reiches nicht auszuschließen, und erhielten am nächsten Tage die Quittung für ihr liebenswürdiges Verhalten, indem ihre Bureaus geschlossen, ihr Vermögen sequestriert und die gesamte Organisation in die Deutsche Arbeitsfront (DAF) überführt wurde.

Als die Gewerkschaften im Frühsommer 45 wieder ins Leben zurückfanden, zogen sie die Lehre aus den Erfahrungen von vor 33 in der Weise, daß weltanschauliche Spaltungen zu vermeiden seien. Es sollte also keine freien, christlichen, liberalen, kommunistischen Verbände mehr geben, sondern alle Arbeiter sollten sich in einer gemeinsamen Interessenvertretung zusammenfinden.

Alle Arbeitnehmer, genauer gesagt: Man wollte auch jene Spaltung in Arbeiter und Angestellte vermeiden, die die Bewegung vor 33 geschwächt und Erscheinungen gezeitigt hatte wie den »Deutschnationalen Handlungsgehilfenverband«. Bei den Gewerkschaften aller Parteirichtungen bestand die Absicht, die Arbeitenden in Deutschland in eine Einheit zusammenzubinden, die jenseits der Parteien stand, eine Einheit, wie sie auch vor den Parteien bereits ins Leben gerufen worden war. Dieses arbeitende Deutschland sollte in die Lage versetzt werden, die notwendigen Umformungen in der Industrie in seinem Sinne entscheidend zu beeinflussen, ja die Führer wollten wohl, daß diese Vereinigung schließlich die Leitung der Industrie übernehmen solle. Sie meinten auch, das arbeitende Deutschland der Gewerkschaft sei ein vertrauenswürdiger Verhandlungspartner für die Alliierten, ein Partner, der bessere Sicherheiten bot als die wiederaufgewärmte Demokratie von Weimar.

Die britische Besatzungsmacht stand diesen Bemühungen wohlwollend gegenüber, besonders war sie durchaus damit einverstanden, daß die Unterschiede zwischen freier, christlicher etc. Gewerkschaft in der neuen Gründung verschwinden sollten. Zwei Dinge jedoch erschienen ihr unzulässig: einmal, daß die Gewerkschaft den Einfluß auf Besitz und Planung der Produktion haben sollte, den sie wünschte; dann, daß sie in einer straffen Organisation zusammengefaßt würde. Die Gewerkschaftsführer hatten es eilig, den historischen Augenblick nicht zu verpassen, von dem sie wohl wußten, daß er nicht wiederkehren würde. Nach dem Zusammenbruch waren die deutschen Industriellen zu verschüchtert, um sogleich wieder als eine Macht aufzutreten. Das würde anders werden, meinten die Gewerkschaftler, wenn die Niederlage erst Monate und Jahre zurückliegen und man in diesen Kreisen sehen würde, daß die gefürchtete Änderung in den Verhältnissen der Produktion zumindest noch nicht spruchreif war.

Die Besatzungsmacht wollte sich nicht entscheiden. Das Koalitionskabinett, das den Krieg geführt hatte, hatte offenbar keine durchgreifende Änderung in der Struktur der deutschen Industrie beabsichtigt. Es wollte wohl nur solche Schritte durchführen, die zur Sicherung der eigenen Interessen unvermeidlich waren, wie die Enteignung der früheren Besitzer in der Kohlen- und Metallindustrie und die Weiterführung dieser Industrien in eigener Regie durch deutsche Vertrauensleute. Die Labour-Regierung schien auch hier dem Grundsatz der »continuity« zu folgen und nicht geneigt, über solche Maßnahmen hinauszugehen. Man wollte in dieser wichtigen Frage freie Hand behalten. Und wenn man auch die deutsche Gewerkschaft möglicherweise als einen angenehmeren Partner betrachtete als die Parteien oder industrielle Zusammenschlüsse, so wünschte man doch überhaupt keinen deutschen Partner von überragender Bedeutung vor sich zu sehen, da man selbst nach dem gewonnenen Kriege, gewonnen in Gemeinschaft mit Verbündeten, deren Politik man erst beobachten und abwarten mußte, der Arbiter in der eigenen Zone zu bleiben wünschte.

Hierzu kam das demokratische Bedenken gegenüber einer schnell wachsenden großen Organisation auf deutscher Seite. Das Nächstliegende schien zu sein, den Arbeitern im kleinsten Kreise zu gestatten, sich gewerkschaftlich zusammenzuschließen und außerdem zur Wahrung ihrer täglichen Interessen in Betrieben mit über 20 Angestellten Betriebsräte zu bilden.

Während also die Führer der Gewerkschaft, Männer wie der alte Böckler in Köln, die die deutsche Gewerkschaft aus ihren Anfängen in den neunziger Jahren zu dem bedeutenden Faktor entwickelt hatten, den die Welt vor 33 bewunderte, während die Böcklers, Böhms, Meiers sich um den »Charter« für die Gewerkschaften bemühten, reichten die Arbeiter einer Fabrik oder eines Ortes ihrem Kreiskommandanten Anträge zur Bildung örtlicher Gewerkschaften ein. Es geschah dabei, daß in einer Fabrik drei verschiedene Gewerkschaften genehmigt wurden, während es an anderen Orten in dem gleichen Kreis, in anderen Industrien und Berufen, gar keine Vertretungen gab. Dabei war es den alten Gewerkschaftlern unmöglich, auch nur einige Ordnung in das Verfahren der gestellten und genehmigten Anträge zu bringen, und während an einem Ort etwa die Leder- und Bekleidungsindustrie einen gemeinsamen Verband organisierte, ging anderswo die Tuchindustrie allein und die Schuhmacher hatten ihre eigene Gewerkschaft.

In diesem unklaren Zustand befand sich die Angelegenheit, als eine Delegation von drei englischen Gewerkschaftlern, Lawther, Tanner und Bullock, im November 45 nach Deutschland kam, um mit den deutschen Genossen Fühlung zu nehmen. Die Delegierten, die sich in anderen Teilen der Zone länger aufhielten, hatten nur *eine* Begegnung mit den deutschen Gewerkschaftlern im Ruhrgebiet. Sie trafen sie in Düsseldorf, sprachen freundliche Worte und gaben ihnen etwa eine Stunde Zeit, um Fragen zu stellen, die sie in einer etwas onkelhaften Weise beantworteten. Zu einer freien Aussprache kam es nicht. Man sagt, als die Engländer fort waren, sei der alte Böckler in Tränen ausgebrochen, und Böckler ist kein Hysteriker. Er hat ein Leben der Gewerkschaftsarbeit hinter sich, hat zwölf Jahre lang geharrt und gehofft und hat sich endlich, von seiner Hoffnung geschwellt, wie ein Junger in die neue Arbeit gestürzt. Was er nun erwarten durfte, machte ihm der Brief klar, den die Delegierten ihm zurückließen. Der Brief enthielt in freundschaftlicher Form eine Warnung vor den Gefahren der »Überzentralisation«, zu der Böcklers Plan einer »Einheitsgewerkschaft« führen würde. Diesen Plan, hieß es, könnten die englischen Genossen nicht gutheißen. Böckler wurde angewiesen, die Gewerkschaft statt dessen in 14 autonomen Industrieverbänden aufzubauen, die man später auf einer Stufe, die noch nicht bestimmt war, in einer Dachorganisation zusammenfassen könnte.

Industrieverbände hatten einen Vorteil vor Berufsgewerkschaften. Unter einem Industrieverband versteht man eine Gewerkschaft, zu der jeder gehört, der in einer bestimmten Industrie arbeitet. »Jeder, der durchs Zechentor geht«, wie die Deutschen das ausdrücken, gehört dem Industrieverband Bergbau an, gleichviel ob er ein Steiger ist, ein Stollen-Zimmermann oder ein Angestellter der Verwaltung. Durch den Industrieverband wurde es auch erreicht, daß nicht Angestellte ihre eigene Gewerkschaft hatten, deren Interessen von denen der Arbeiter verschieden waren. Es war eine gute Zusammenfassung, und

Böckler und die Seinen machten sich nicht ohne Hoffnung daran, die Industrieverbände im Gebiet der nördlichen Rheinprovinz zu organisieren. Am 1. Dezember reichten sie die Anträge zur Genehmigung der autonomen Industrieverbände ein. Am 1. Februar wurden die Genehmigungen erteilt. Wenn allerdings Böckler glaubte, er könne nun im Gebiet der Provinz 14 Verbände einrichten, so hatte er sich geirrt. Die Genehmigung wurde für 29 Verbände auf diesem engen Raum gegeben. Man hatte anstelle eines Industrieverbandes »Metall« fünf unabhängige Verbände genehmigt, einen für Aachen und Umgebung, einen für Düsseldorf und Umgebung, einen für Oberhausen und so weiter. Ebenso gab es sechs Verbände für Bauwesen, drei für Bergbau, zwei für Textil etc. Wo es notwendig gewesen war, einem der Verbände für Bauwesen und einem für Metall die gleichen Grenzen zu geben, etwa in den Kreisen Essen, Oberhausen, Mülheim und Dinslaken, wurde dafür gesorgt, daß die Verwaltungen in zwei verschiedenen Städten lagen, möglichst weit voneinander entfernt: Es sollte vermieden werden, daß die Führer der verschiedenen Verbände zusammenkämen und doch etwas wie eine Einheitsgewerkschaft aufbauen könnten.

Böckler war entmutigt. »Dies«, sagte er, »ist das Ergebnis von acht Monaten angestrengter Bemühungen, Verhandlungen, Eingaben. Wenn wir wieder auf den Zustand der Bismarckzeit zurückgehen sollen, wie können wir da hoffen, jemals eine arbeitsfähige Gewerkschaft auf die Beine zu bringen? Die Einrichtung in dieser Form ist vollkommen zwecklos. Wir müssen Gewerkschaftsschulen einrichten, um dem deutschen Arbeiter die Bildung zu vermitteln, die ihm während der Jahre der ›Arbeitsfront‹ nicht zugänglich war. Wir müssen andere Einrichtungen

128

schaffen, die nur von der Gesamtheit der Gewerkschaften getragen werden können. Ich meine oft, das beste wäre, sich mit der ganzen Sache nicht weiter zu beschäftigen.«

Während dies in der Rheinprovinz geschah, befand man sich in Westfalen noch in jenem Zustand der örtlichen Anträge und Genehmigungen, von dem ich eingangs gesprochen habe. In den ersten Monaten des Jahres 46 wurden schließlich auch dort die Gewerkschaftler zu Zusammenkünften mit dem Leiter der englischen Behörden eingeladen, der die undemokratische Schnelligkeit bedauern mochte, mit der die Führer im Rheinland trotz aller auferlegten Beschränkungen ihre Verbände aufgebaut hatten. Man bestand auf englischer Seite darauf, daß die Mehrheit der Arbeiter selbst in jedem Falle entscheiden solle, welche Form der Gewerkschaft sie wünsche: Industrieverbände, Einheitsgewerkschaft, Berufsverbände etc. Dies entspricht dem Prinzip einer sich Schritt für Schritt von unten herauf entwickelnden Demokratie. Nur war es nicht leicht, dem deutschen Arbeiter dies Geschenk der Demokratie zu machen, da er doch, in seiner großen Masse, nicht einmal wissen konnte, worin die feinen Unterschiede der Organisationen bestanden, die man ihm da vorführte; noch weniger konnte er deren Vorteile und Nachteile gegeneinander abwägen. Wenn es darauf angelegt war, dem deutschen Arbeiter schnell zu einer Vertretung zu verhelfen, die ihm bei der Erfüllung seiner praktisch-politischen Aufgaben helfen konnte, so hätte man vielleicht jenen Prozeß einer demokratischen Entscheidung auf unterster Stufe abkürzen oder gar überspringen dürfen, da es im Grunde darauf hinauslief, Farbenblinde zwischen Rot und Grün wählen zu lassen. Aber war das die Absicht? Endlich gelangte man auch in Westfalen zu einer Organisation auf der

Grundlage von Industrieverbänden. Aber da man mit den örtlichen Anträgen noch länger als im Rheinland fortgefahren war, so war nun der erste Schritt, alle bisherigen Anträge, die laufenden wie die genehmigten, zu annullieren. »Da haben wir einen schwierigen Brief zu schreiben«, sagte der Leiter des Bureaus in Münster. »Die Genossen haben doch schon Beiträge gezahlt und sich Statuten gegeben. Es wird die Begeisterung etwas dämpfen, wenn wir ihnen jetzt mitteilen müssen, daß das alles ungültig ist und daß sie auf weitere Entscheidungen warten sollen. Zudem«, fuhr er fort, »gibt es nun bei uns Unklarheiten, die die Genossen im Rheinland vermieden haben. Die Angestellten wollen ihre eigene Gewerkschaft haben, die durch alle Industrieverbände hindurchgeht und sie recht eigentlich ihres Wertes beraubt. Ferner wollen die Eisenbahner eine Gewerkschaft haben, die nichts mit der Provinz zu tun hat, sondern das Gebiet der Eisenbahndirektion Münster umfaßt. Es wird nicht leicht sein, die Leute unter einen Hut zu bringen, und jedes weitere Warten läßt die Gegensätze stärker hervortreten.«

Die Befürchtung erwies sich als richtig. Als die Gewerkschaftler der Zone sich im März in Hannover trafen, stellte es sich heraus, daß man im Rheinland Industrieverbände organisiert hatte, daß man in Westfalen noch nicht einig war, daß in Hamburg die Berufsgewerkschaft, besonders die Angestelltengewerkschaft, neben den Industrieverbänden bestand, und daß Hannover bereits bei der Einheitsgewerkschaft angekommen war. Die Versammlung trennte sich nach drei Tagen, ohne zu einer Einigung gelangt zu sein.

Diese Einigung wurde im wesentlichen im Sommer und Herbst 1946 erreicht. Zugleich wurde den Gewerkschaften ein Plan mitgeteilt, nach dem sie sich in drei

Phasen zu entwickeln hatten, bis sie ihre endgültige Form erreicht haben würden. Fast alle Verbände hatten zur Zeit meiner Abreise die »Phase zwei« erreicht und bereiteten sich auf die endgültige Phase vor. In der Rheinprovinz hatte man eine weitgehende Zusammenlegung der 29 Verbände genehmigt, aber da inzwischen Rheinland und Westfalen zu einem Lande vereinigt worden waren, so wünschten die Gewerkschaftler nun auch die Verbände über das ganze Land auszudehnen. Die Besatzungsmacht bequemte sich, spät, dem doppelten Druck von seiten der deutschen Arbeiterschaft und von seiten des östlichen Verbündeten nachzugeben. Im Osten nämlich waren die Gewerkschaften in einer wahren Treibhausluft emporgeschossen und seit dem Mai 46 das kräftige Instrument der Sozialistischen Einheitspartei. Die Maßnahmen der Besatzungsmacht im Westen halten sich stets an den schmalen Grat zwischen zwei Gefahren: daß man dem unterworfenen Volk zu schnell Freiheiten einräumt, ist die eine. Die andere ist, daß man den Kommunisten unwillkommenen Anlaß zu Vergleichen mit dem fortschrittlichen Osten gibt. Wie außenpolitische Erwägungen überhaupt auch in der Stellung zu den Gewerkschaften eine Rolle spielen, dafür ist, denke ich, schon der Besuch der englischen Gewerkschaftler im Winter 45 ein Beispiel. Das Aufkommen einer starken Gewerkschaft, die sich über die ganze britische Zone hinweg einheitlich entwickelt hätte, wäre zweifellos von Frankreich nicht gern gesehen worden, und solange die Frage der Ruhr nicht geklärt war, war es besser, die Entwicklung zu bremsen. Es sollte mich nicht wundern, wenn Lawther, Tanner und Bullock vor ihrer Deutschlandreise in diesem Sinne instruiert worden wären.

Im Herbst 1946 war man kräftig dabei zu organisieren

und durfte das in verhältnismäßig großer Freiheit tun. Böckler war versöhnt und guter Laune. »Das künstliche Vorwärtstreiben im Osten«, sagte er, »ist einer gesunden Gewerkschaft ebenso unzuträglich wie das anfängliche Zurückstauen im Westen. Im großen und ganzen möchte ich doch der westlichen Methode den Vorzug geben – wenn es nur nicht zu langsam geht.« Aber bei aller Betriebsamkeit und bei der Fülle von schönen Reden, die gehalten wurden, konnte es doch niemandem verborgen bleiben, daß sich hierin die Tätigkeit der Gewerkschaften erschöpfte. Solange Löhne und Preise von der Besatzungsmacht kontrolliert blieben, konnte von Lohnverhandlungen keine Rede sein. Das Recht zum Streik kam nicht in Frage; und von dem Einfluß auf den Produktionsplan, der das Ziel der Gewerkschaften im großen sowie der Betriebsräte in den einzelnen Fabriken war, konnte ganz gewiß nicht die Rede sein. »Die Betriebsräte«, hieß es in den »Limitations«, die die schon erwähnte NGCC im Frühjahr 46 in den Zechen verteilte, »sind die gewählten Vertreter der Belegschaft. Als solche dürfen sie die Wünsche der Belegschaft äußern. Sie haben das Recht, die Schachtanlagen *einmal im Monat* (!) zu inspizieren. Sie haben nicht das Recht, bei Entlassungen und Einstellungen mitzureden. Sie haben auf den Produktionsplan keinen Einfluß.« Diese »Limitations«, die viel böses Blut gegen »die englischen Fabrikdirektoren« machten, wurden später zurückgezogen. Aber als im Sommer die Control Commission dem Wunsch der Gewerkschaftsvertreter in dem deutschen »Zonenbeirat« entsprach und die Genehmigung gab, daß besondere deutsche Ausschüsse zur Denazifizierung in den Bergwerken eingesetzt würden, verstand es die NGCC, diese Angelegenheit zu ignorieren. Die Ausschüsse wurden in keinem Schacht genehmigt. Die englischen Manager in der NGCC schützten ihre deutschen Kollegen.

Unter diesen Umständen konnte es nicht ausbleiben, daß die Kommunisten in den Betriebsräten und den Gewerkschaften der Schwerindustrie Boden gewannen. Die Kommunisten – wir haben es schon gesehen – vertreten stets die stärksten Forderungen. Setzt man die Forderung durch, so nehmen sie den Kredit dafür in Anspruch, auch wenn nicht eben die kommunistischen Mitglieder des Betriebsrates für den Erfolg verantwortlich waren. Bleibt der Antrag erfolglos, so war es »die mangelnde Energie der alten Trottel von Weimar«, der man die Schuld gibt. Je mehr die kommunistischen Einflüsse sichtbar werden, umso unruhiger werden auf der anderen Seite die Leute von der christlichen Gewerkschaft. Alle betonen zwar nach wie vor die Unparteilichkeit der Gewerkschaft, aber die Leute von der CDU weisen doch darauf hin, daß sie »ihre Vorkehrungen treffen müssen, wenn die Gewerkschaft zu einem Instrument des Marxismus mißbraucht wird«. Mangels praktischer Arbeit droht die Gewerkschaft zum Tummelplatz der Parteipolitik zu werden.

Die ist nur ein Symptom für die Gefahren, die der Gewerkschaft drohen. Gelegentlich des Streites um die Sonderschichten haben wir gesehen, wie die Gewerkschaft beiseite stand, während die Arbeiter ihre Meinung in einer direkten Abstimmung ausdrückten. Unter dem Druck der wachsenden Not werden die Arbeiter sich immer öfter dazu getrieben sehen, ihren Bedürfnissen unmittelbar Ausdruck zu geben, und es ist mehr als fraglich, ob es bei Urabstimmungen sein Bewenden haben wird. Spontane Streikbewegungen traten schon während der Hungerwochen in der Ruhr und in Köln im November auf.

Die Gewerkschaften haben es auf dem langsamen und gewundenen Wege, den wir beschrieben haben, schließlich zu einer ansehnlichen Organisation gebracht. Aber sie haben keine Befugnisse. Die Politik der Besatzungsmacht, die alles in der Schwebe läßt, sieht sich außerstande, ihnen ernste Befugnisse zu geben. Täte man das, so müßte man ihnen ja auch in gewissen wichtigen Fragen entgegenkommen, das heißt, man würde sich der unbedingten Herrschaft entäußern, die man ausübt und bei dem gespannten Verhältnis zu den eigenen Verbündeten glaubt ausüben zu müssen. Vor einer starken, organisierten Arbeiterbewegung hat man Furcht, und doch ist man interessiert daran, daß die Arbeiterschaft eine anerkannte Vertretung besitzt. Ausdruck dieser Politik war es, das Wachsen der Gewerkschaft möglichst hintanzuhalten und schließlich der fertigen Organisation keine Befugnisse zu geben. Wie sagten die »Limitations«: Die gewählten Vertreter der Arbeiter haben das Recht, deren Wünsche zu äußern. Wird man es verhindern können, daß die Arbeiterschaft das Vertrauen auch in dieses demokratische Schattenspiel verliert und ihre eigenen, gewaltsamen Wege geht? Wird man es verhindern können, daß das Beispiel des Ostens – und die KPD – an Anziehungskraft gewinnt? Was werden, bei der engen Verbindung aller Fragen innerhalb der Zone mit der Außenpolitik, die Folgen einer solchen Entwicklung sein?

11

Schlußbemerkung

An dieser Stelle möchte ich den Bericht über die Dinge, die ich in Deutschland erfahren habe, schließen. Ich sollte sagen: »abbrechen«. Ich bin mir bewußt, wieviel, auch von meinen eigenen Erfahrungen, darin nicht zur Sprache kommen konnte. Wenn es aber gelungen ist, den Leser an das große Fragezeichen heranzuführen, das heute vor jedem steht, der dort eine Arbeit zu leisten versucht – sei er ein Mann der Besatzung oder ein Deutscher –, so ist alles erreicht, was man von einem solchen Bericht erwarten durfte. Daß diese Frage uns angeht, insofern wir nämlich in der Welt leben und von dem Schicksal Europas mehr als nur mittelbar betroffen werden, das werden auch solche zugeben, die aus naheliegenden Gründen nicht geneigt sind, sich mit dem Geschick des deutschen Volkes zu beschäftigen. Für denjenigen, der versucht hat, dort das Seine zu tun, hat die deutsche Frage ihre eigene Bedeutung, unabhängig davon, was sie etwa für unser Schicksal hier bedeuten mag: Wie der Weg eines großen Volkes aus Irrtum, Schuld und Elend durch die eigene Vergangenheit und durch fremden Eingriff gefährdet wird, ist ein tragisches Ereignis; und wie jede Tragödie geht das einen jeden an und ruft zur Anteilnahme auf. Man kann nicht umhin, die Stimmen im eigenen Innern und die Stimmen im eigenen Volk zu prüfen, die den dort gehörten Lauten antworten, und die Folgerungen, die man da zieht, so erschreckend sie oft sind, mögen heilsam sein. Sechs Tage in der Woche ist man von dem dort Gesehenen bedrückt. Der Trost des siebenten Tages ist die Berührung mit menschlichen Kräften, denen man seine Bewunderung nicht versagen kann, ist vielleicht die Einwirkung auf solche Kräfte in dem Kreis, in den man gestellt ist, und die Hoffnung, die solche Gegenwart erzeugt.

Appendix:
Jüdische Gemeinden

Dem, der von Deutschland kommt, werden hier immer wieder zwei Fragen gestellt: Wie verhalten sich die Deutschen zu den Juden? Kann ein Jude abends ungefährdet ausgehen? Nicht wahr, die Deutschen sind noch alle Nazis? Und: Juden? Ja, gibt es denn wieder Juden in den deutschen Städten? Warum eigentlich? Was haben sie da zu suchen?

Die erste Frage – das ist aus dem Vorhergehenden wohl klar – kann in dieser Form nicht gestellt werden. »Die Deutschen« sind nicht mehr alle Nazis, und die es sind, werden sich wohl hüten, einen Juden auf der Straße zu belästigen. Die Stellung der Deutschen zu den Juden, die wieder unter ihnen zu leben genötigt sind, ist keineswegs einheitlich; und dann hat sie sich, wie die Haltung des deutschen Volkes in vielen anderen Dingen, in der Zeit verändert, in der ich dort war.

Man darf sagen, daß nichts auf die Masse des deutschen Volkes einen so beschämenden Eindruck gemacht hat wie die Enthüllungen über die »Endlösung« Himmlers. Das mag merkwürdig erscheinen, da die Endlösung ja nur den letzten Schritt in einer Verfolgung darstellt, die 1933 begonnen hat. Es ist aber ein Unterschied, ob man Gesetze liest oder hört, daß die Juden aus der eigenen Stadt nun wohl alle weggegangen sind, ob man den

Kopf beim Anblick eines gelben Sterns schüttelt und ein wenig seufzt oder ob man jene Zahlen liest und jene Photos sieht, die dem Volk im Frühjahr 45 gezeigt wurden. Das einzige Beispiel öffentlicher Gewalttat, das wirklich jeder sehen mußte, der berühmte 9. November, hat allgemeinen Widerwillen erregt; aber danach war der Vorhang über der Tragödie so lange geschlossen – einige blitzartige Durchblicke ausgenommen –, daß man über die »End*rechnung*«, die dem deutschen Volke vorgelegt wurde, recht fassungslos war.

Daß sich diese Beschämung öffentlich, in Reden und in der Presse, immer wieder in der stärksten Verurteilung eben dieses Verbrechens äußert, durfte man erwarten, und nicht alle diese Äußerungen können als uninteressiert gewertet werden. Von der gleichen Art sind viele jener Beteuerungen, die man jeden Tag erhält, daß der Betreffende, mit dem man spricht, ja immer dagegen gewesen sei. Indes darf man die Geste der Einwohner vieler Städte, die ihre jüdischen Mitbürger mit Blumen vom Bahnhof abholten, wohl als Zeichen eines reumütigen Empfangs gelten lassen. Oder auch das, was mir ein 18jähriges Mädchen erzählte, die bei uns als Mess-Waitress angestellt war. Als wir das Quartier verließen, kam sie zu mir und sagte, sie sei besonders traurig, mich weggehen zu sehen; denn sie hätte sich bei dem Dienst immer gesagt, damit könne sie doch ein wenig tun, um wiedergutzumachen, was ihr Volk an meinem gesündigt habe.

Auch richtete man Sonderausschüsse in jedem Kreis ein, welche Juden und andere Verfolgte (der Ausdruck hieß »politisch und rassisch Verfolgte«) zu unterstützen hatten. Juden erhielten bessere Rationen, was jeder schon insofern einleuchtend fand, als sie ja hungern mußten, als die anderen zu essen hatten; und es wurde im Sommer

45 eine Straßensammlung für die Opfer der Konzentrationslager veranstaltet (geschmackloserweise mit den alten Nazi-Sammelbüchsen). In den meisten Gemeinden ließ es sich der Bürgermeister angelegen sein, dafür zu sorgen, daß seine Juden einigermaßen untergebracht waren, Arbeit fanden, Darlehen erhielten, wenngleich man dies nicht von allen Stadthäuptern sagen kann. Immerhin: Im Sommer 45 gehörte es zum guten Ton zu meinen, daß für die Juden etwas zu geschehen habe.

Aber das Interesse an diesen wenigen nahm bald ab. Sie waren wieder da, und das war gut so. Und da sie Juden waren, so würde es ihnen wahrscheinlich gut gehen (Juden verstehen es ja, sich einzurichten). Während also die große Redeflut über die Unbill, die man den Juden angetan hatte, weiterschäumte, während auch der einzelne Deutsche nicht müde wurde zu beteuern, wie er über diese Dinge fühlte, brachte die Frage ihn stets in Verlegenheit, was er und seine Freunde, was seine Stadt denn eigentlich getan habe, um das Los der wenigen, die sich wieder in ihrer Mitte aufhielten, angenehm zu gestalten. »Ja, geht es ihnen denn nicht gut?« wurde dann gefragt. »Wissen Sie es?« gab ich zurück. »Haben Sie sich je darum bekümmert?« Nur einer meiner »Schüler«, ein protestantischer Geistlicher, nahm sich daraufhin die Mühe sich umzusehen und erstattete beim nächsten Mal Bericht, er habe alles in Ordnung gefunden. – Vielleicht ist auch eine solche Frage nicht einmal ganz fair, da man nicht vergessen darf, daß der Einzelne sich stets und überall befugt fühlt, über einen öffentlichen Skandal sich auszulassen, sehr selten aber glaubt, es sei seine Sache, in seiner Umgebung nach dem Rechten zu sehen. Die furchtbarste Erfahrung ist nicht genug, den Leuten das Vertrauen zu nehmen, daß in der eigenen Stadt doch nun sicherlich alles in Ordnung sei.

Eine typische Unterhaltung mit einer Deutschen aus dem Herbst 45 möchte ich hier mitteilen. Sie hatte aus der Zeitung und sogar von gewissen Vorkommnissen in den Armeen der Besatzungsmächte den Eindruck gewonnen, daß Antisemitismus zwar den Deutschen von ihren Nachbarn vorgeworfen wurde, daß aber bei diesen Nachbarn selbst nicht alles zum besten stünde. »Du solltest wieder nach Deutschland kommen«, sagte sie. »Ihr solltet alle wiederkommen. Du wirst sehen: Für die nächsten Jahrzehnte wird Deutschland das Land sein, in dem Juden am besten leben können. Wir haben die Sache hinter uns, die anderwärts noch nicht überwunden ist. Es wäre auch für uns gut, wenn ihr wiederkämt. Ihr werdet das Geschäft schon wieder in Gang bringen. Und dann habt ihr doch jetzt jedes Recht und jede Möglichkeit, hier eine große und auf jeden Fall privilegierte Rolle zu spielen.« – »Gesetzt den Fall«, gab ich zurück, »Juden muten es sich zu, nach allem, was geschehen ist, wieder herzukommen und unter einem Volk zu leben, das ihnen so begegnet ist wie das deutsche: Bist du sicher, die Aufnahme würde so günstig sein? Diese Juden haben, wie du sagst, Rechte, zumindest das, ihren vorigen Besitz wiederzuerhalten. Dieser Besitz ist inzwischen von Hand zu Hand gegangen. Es ist in den seltensten Fällen der Nazi heute noch der Nutznießer. Ein Volk bereut ganz gern; aber Leute lassen sich ungern aus Häusern hinauswerfen, die sie sich gewöhnt haben als ihre Häuser anzusehen.« Der Einwand verfing, und sie zuckte die Achseln: Vielleicht wäre es doch besser so, daß nicht allzu viele kämen.

Es würde wohl besser um den Geist des Volkes in dieser Sache stehen, hätte nicht die Besatzungsmacht, ja hätten nicht alle Besatzungsmächte Aktionen zur Hilfe oder zur Wiedergutmachung, zu denen man bereit gewesen wäre, durchaus verhindert. Ich bat im März 46 den Property Controller einer Provinz um Auskunft über diese Angelegenheit. »Das jüdische Eigentum«, sagte er, »das vom nationalsozialistischen Staat eingezogen worden ist, gehörte diesem Staat und mithin jetzt seinen Rechtsnachfolgern, den Alliierten. Es kann laut Order 57 der Militärregierung nicht veräußert und nicht zurückerstattet werden. Verhandlungen über die Wiedergutmachung, die neben Denazifizierung und Reeducation als wichtigster Programmpunkt auf der Agenda der Mächte steht, werden auf einem ›quadripartite level‹ im Juni begonnen werden. Sie werden außerordentlich kompliziert sein, da alle Ansprüche aller Geschädigten, die über die Welt verstreut sind, dabei zur Sprache kommen müssen.« – »Die Geschädigten, die sich heute nicht in Deutschland befinden«, sagte ich, »brauchen es nicht so eilig zu haben. Sie sind zweifellos nicht auf ihre ehemaligen deutschen Besitzungen angewiesen. Die paar tausend Leute hier aber sind auf ihren Besitz angewiesen. Ich kenne eine Dame in Iserlohn, die vor ihrer Verschickung nach Theresienstadt ein Mietshaus besessen hat. Sie hat zwar heut eine Wohnung in diesem Hause inne; aber die Mieten aus den anderen Wohnungen gehen immer noch ins Finanzamt, da das Haus weiter dem Staat gehört.« – »Der Fall ist traurig«, war die Antwort, »aber alle diese Leute bekommen doch Unterstützung.« – »Ja: 60 Mark im Monat.« – »Nun? Damit können sie doch ihre Rationen kaufen.«

Die negative Haltung der Besatzungsmacht wirkt durchaus ungünstig auf die Leute in Deutschland. Nachbarn sind in den meisten Fällen, die ich kenne, sehr nett zu den Juden, die wieder in ihrer Nähe wohnen. Ämter sind hilfsbereit, aber der Mann auf der Straße, der wohl eine volle Wiedereinsetzung dieser zutiefst Gekränkten in ihre Rechte erwartet haben mochte, ist verwirrt. »Die anderen lieben sie auch nicht«, sagt er sich, »und vielleicht nicht ganz ohne Grund«; und obwohl er nach wie vor die Untaten, die geschehen sind, abscheulich findet, meint er doch, es müsse wohl kein Zufall sein, daß keiner sich besonders beeilt, diesen Leuten das Ihre zu geben.

Die Nachrichten aus Palästina hatten in diesem Sinne eine sehr schlechte Wirkung. Und um das Unheil voll zu machen, bemächtigt sich des deutschen Volkes eine zuweilen verständliche Abneigung gegen ehemalige Konzentrationäre. Es ist auch erstaunlich, wer alles sich als ein Ehemaliger meldet. Die Lager waren voll genug, aber nun sieht es so aus, als habe wirklich jeder dritte Deutsche dringesessen. Da es in den Lagern auch Elemente gab, die nicht aus politischen oder rassischen Gründen verfolgt waren, so kommt nun der Eindruck auf, daß »alles mögliche Gesindel« sich zur privilegierten Klasse erklären läßt und in dulci jubilo lebt, während das Volk hungert. Wenn auch niemand im Ernst behaupten wird, daß Juden aus anderen Gründen eingesperrt wurden, als eben weil sie Juden waren, so wirkt diese Abneigung gegen Ehemalige doch auch auf die Juden zurück.

Es gibt auch noch – oder wieder – echten Antisemitismus, wie sich denn Adenauer, ohne die Juden zu nennen, nicht gescheut hat zu sagen, es sei der Einfluß der Emigranten, der die englische Politik unnachgiebig mache. Mit steigender Not wird auch dieser unerfreuliche Einfluß stärker. Ein Brief, den wir zu lesen bekamen, stellt fest, es sei dem Schreiber nun, nach »gründlicher Forschung«, offenbar geworden, daß die Mächte der Koalition gegen Deutschland nicht nur von Juden hinter den Kulissen dirigiert worden seien: Die Führer selbst seien Juden gewesen, an der Spitze Roosevelt, Stalin und Churchill.

142

Ich bin ziemlich sicher, daß wir in Deutschland nicht wieder Pogrome erleben werden, im Gegenteil: Die Judenverfolgung wird am längsten unter allen Nazi-Verbrechen gerügt werden. Ich bin aber nicht sicher, ob sich viele Hände regen werden, um den Juden zu helfen.

Was nun die zweite Frage angeht, nämlich ob es wieder Juden in den deutschen Städten gibt und was sie dort wohl zu suchen haben, so ist die Antwort die, daß es solche Juden gibt, die im Versteck gelebt haben, und solche, die von den Lagern, hauptsächlich von Theresienstadt, wieder zurückgekommen sind, unter ihnen ein erheblicher Prozentsatz alter Leute oder sehr junger Leute. Diese Juden taten, meine ich, das einzige, was ihnen zu tun übrigblieb, als sie dorthin zurückkehrten, wo sie herkamen. Daß sie es gern getan hätten, kann man nicht behaupten. Auf der Gründungsversammlung des Landesverbandes der jüdischen Gemeinden in Westfalen im Januar 46 sagte der Redner: »Und dessen darf ich doch sicher sein, daß ihr alle, wir alle, meine ich, in Deutschland nur in Transit sind. Wir alle wollen nach Erez Israel.« Und die große Mehrzahl bekräftigte: »Ja, wir alle.« – »Aber solange wir hier sind«, fuhr der Redner fort, »werden wir alle Vorteile wahrnehmen, die uns auf Grund geschriebenen und moralischen Rechtes zukommen!«

Inzwischen stellten die Umfragen, die der Anglo-Amerikanischen Kommission vorgelegen haben, für alle Orte desselben Westfalens fest, daß die Mehrheit in der Tat auswandern will, aber von diesen nur eine Minderheit nach Palästina. Die meisten wollen nach USA gehen, wo man in vielen Fällen Verwandte hat. Einige wollen bleiben, man darf wohl sagen, 30 Prozent. Ich habe das nicht genau geprüft.

Die Stellung dieser Juden zu den Deutschen ist, wie zu

erwarten, ablehnend, besonders sind die jungen Leute nicht bereit zu arbeiten. Denn einmal meinen sie, es dürfe ihnen niemand verargen, wenn sie sich nach den ausgestandenen Leiden erholen, und dann wollen sie beileibe nicht für die Deutschen arbeiten. Versuche, diese Jugend, ich meine nicht die in den Lagern, einer Hachscharah zuzuführen, sind kaum unternommen worden. Frau Lucie Kaufmann aus Münster, jetzt in Tel Aviv, kann ausführlich davon erzählen, was alles hätte geschehen können und versäumt worden ist.

»Ich hasse die Deutschen«, ist der allgemeine Ausdruck. »Ich kann sie nicht sehen, ich könnte sie alle mit kaltem Blute umbringen.« Wenn aber die Unterhaltung weitergeht, so fällt es auf, daß bald von »meinem Freund Schmidt« die Rede ist und »unseren lieben Nachbarn, den Müllers«, wie denn auch der größte Hasser nicht in völliger Einsamkeit leben kann, wenn er einmal genötigt ist, an dem Orte der Qual weiterzuleben.

Die Gemeinden sind seit dem vorigen Januar im Lande Nordrhein-Westfalen in dem erwähnten Landesverband zusammengefaßt. Sie werden durch die Jewish Relief Units mit Paketen vom Joint versehen und erhalten außerdem private Sendungen vom Ausland, und so geht es ihnen, einmal rein gesundheitlich gesehen, immerhin leidlich. Aktive Mitglieder unternehmen selbst Wohlfahrtsarbeit in den Lagern, bringen Leute von dort auf dem Lande unter und so weiter, wie dies besonders von der sehr tätigen Gemeinde in Düsseldorf aus geschieht. Unsere nationalen Institutionen haben diese Volkstrümmer von vornherein abgeschrieben. »Sollen sie bleiben, wo sie sind«, sagte mir Adler-Rudel in London, als ich ihn auf die Notlage der deutschen Juden aufmerksam machte. »Mögen sie in ihrem geliebten Vaterland warten, bis man auch ihnen die Hälse abschneidet.«

144

Ich habe Rückkehrer in Solingen, Wuppertal, Remscheid im Herbst 45 besucht, als es noch keinen Landesverband gab. Sie fühlten sich von Gott und der Welt verlassen und besonders von den Juden. »Sie sind der erste Besuch, den wir bekommen«, sagte mir Rechtsanwalt Wahl aus Wuppertal. »Wir haben im Osten auf keine Hilfe gerechnet, aber damals dachten wir, wenn wir erst wieder im Rheinland wären, da würden wir uns vor anglo-amerikanischen Schlichim nicht retten können, die uns wohltun wollen. Nun, Ihr Besuch ist eine unerwartete Freude.« Leider hatte ich nichts, diese Freude greifbar oder eßbar zu machen.

Ich will diesen sehr kurzen Anhang nicht schließen, ohne einen alten Juden in Solingen zu erwähnen, den jeder beurteilen mag, wie er will. Er war einer der sieben Rückkehrer von einer Gemeinde, die immerhin auch einmal einige hundert Mitglieder gezählt hatte; ein Chirurg von 81 Jahren, der mit einer christlichen alten Dame zusammen in einer Dachkammer lebte. Er war nach dem Tode seiner christlichen Frau im Alter von 79 Jahren nach Theresienstadt gebracht worden und gab mir in seiner ruhigen Art eine Schilderung der dortigen Zustände. Er erzählte von Theresienstadt und von vorher, den Erniedrigungen, in einer überlegenen, nicht unfreundlichen Art, die einem vor der barbarischen Gründlichkeit, deren Opfer auch er geworden war, die Haut schaudern ließ. Er entließ mich nicht, ohne mir die alte Dame vorzustellen, die er mir vorher als seine Retterin und Freundin gepriesen hatte. Sie hatte die paar Möbelstücke, mit denen er sich jetzt behilft, beiseite geschafft, als man ihn wegschleppte, und er hatte sie also bei seiner Rückkehr wieder vorgefunden.

Das nächste, was ich von ihm hörte, war, daß er mich

bitten ließ, seiner Schwiegertochter in Tel Aviv die Nachricht vom Ende fast aller ihrer Angehörigen mitzuteilen. Es war der übliche Brief und die übliche traurige Pflicht, die ich zu übernehmen hatte.

Ich hoffte, ihn wiederzusehen. Aber vorher bekam ich noch einen Brief von ihm. Er entschuldigte sich, meine Zeit noch einmal in Anspruch zu nehmen, besonders da sein Anliegen etwas seltsam sei und mir vielleicht nicht ganz richtig erscheinen möge. Es handle sich um den ehemaligen Gestapo-Gewaltigen von Solingen, den die Amerikaner im Waldeckischen gefangengenommen hätten, von dem seither jede Spur fehle. Der Mann habe sich gut benommen. Er habe zum Beispiel sein Vermögen, das er hätte beschlagnahmen müssen, beiseite geschafft, und er habe es nun wiedererhalten. Der Alte konnte auch andere Zeugen anführen – die meisten inzwischen ermordet (!) –, die sein Urteil über den Gestapo-Mann bestätigen würden. Könnte ich nicht Nachforschungen anstellen, um die Frau des Beamten zu beruhigen, die in Angst um sein Schicksal sei.

Ich habe auf diese Geschichte sehr verschiedene Reaktionen von Juden empfangen, denen ich sie erzählt habe. Die meisten waren empört; und ich nehme an, das wird auch den meisten unter meinen Lesern so gehen. Ich, der ich den Mann gesehen habe und seine schauerlichen Schicksale kenne, ich kann nicht umhin, ihn zu bewundern und zu lieben.

Kommentar

Seite 7

Jishuv – (hebr.) Ansiedelung. Die jüdische Gemeinschaft in Palästina vor der israelischen Staatsgründung 1948. Bei Kriegsende zählte sie etwa 560 000 Mitglieder und umfasste damit bereits die Hälfte der Bevölkerung Palästinas.

Garrison Engineer – Technischer Offizier. Als G. E. war Posener zum Beispiel zuständig für den Bau von Militärflughäfen und Brücken sowie für das Räumen von Minen.

Political Intelligence Officer – Posener hat in seiner Autobiografie erläutert, welche Aufgabe er in dieser Funktion wahrnahm: »Es hatte sich in der britischen Armee eine Gruppe von Offizieren, die ›Political Intelligence‹, gebildet, die das in ganz kleinem Maßstab wiederbeginnende politische Leben in Deutschland beobachten und darüber berichten sollte« (J.P., Fast so alt wie das Jahrhundert, Berlin 1990, S. 272).

Jüdische Brigade – Nach mehreren vergeblichen Anläufen, die am Widerstand der britischen Mandatsmacht in Palästina gescheitert waren, wurde im Sommer 1944 die Jewish Combat Brigade gebildet und unter das Kommando der 8. britischen Armee gestellt. Der von dem kanadischen Brigadier Ernest Benjamin geführten Truppeneinheit gehörten etwa 25 000 jüdische Freiwillige an. Sie griff jedoch erst im Februar 1945 in Norditalien in die Kampfhandlungen ein.

Nach Kriegsende leisten Vertreter der J. B. Hilfe bei der Versorgung der Juden in Deutschland, Österreich und Italien und organisierten deren illegale Einwanderung nach Palästina. Posener war nicht Angehöriger der J. B., sondern einer regulären britischen Truppeneinheit.

D.P.-Lager – Als Displaced Persons (verschleppte, entwurzelte Personen) galten den Alliierten die heimat- und staatenlosen jüdischen Überlebenden der befreiten Lager sowie all jene Zwangsarbeiter, Kriegsgefangenen oder Flüchtlinge, die sich bei Kriegsende fern ihrer Heimat zum großen Teil in Deutschland befanden. Ihre Zahl schätzte man 1945 auf 8,5 Millionen. (Posener nennt hier an anderer Stelle die Zahl vier Millionen.) Sie warteten teilweise in ehemaligen NS-Lagern und mitunter jahrelang auf ihre Auswanderung, Repatriierung oder Einbürgerung. Das letzte D.P.-Lager wurde 1957 geschlossen.

Nord-Rhein-Westfalen – Durch Verordnung Nr. 46 gründete die britische Militärregierung am 23. August 1946 das Land Nordrhein-Westfalen. Wenige Tage später bestätigte sie die erste ernannte Landesregierung unter dem parteilosen Ministerpräsidenten Rudolf Amelunxen. Dem Kabinett gehörten Vertreter des Zentrums, der SPD, der FDP und der KPD sowie parteilose Politiker an.

Seite 10

Krieg den Hütten, Friede den Palästen – Umkehrung des Spruchs »Krieg den Palästen, Friede den Hütten!«, der 1792 im Zuge der Französischen Revolution geprägt wurde, in Deutschland aber erst durch den von Georg Büchner und Friedrich Weidig verfassten »Hessischen Landboten« (1834) zum geflügelten Wort wurde.

148

If this be method, yet there's some madness in it – Umkehrung der berühmten Bemerkung des Polonius in Shakespeares »Hamlet«, 2. Akt, 2. Szene: »Though this be madness, yet there's method in't« (Ist dies schon Wahnsinn, hat es doch Methode).

Potsdamer Programm der Demontagen – Die Vertreter der »Großen Drei«, Harry S. Truman (USA), Josef Stalin (UdSSR) und Clement Attlee (Großbritannien), einigten sich auf der Potsdamer Konferenz vom 17. Juli bis 2. August 1945 auf einige Grundsätze, an die sich die Siegermächte bei der Behandlung des besiegten Deutschlands halten wollten. Dazu gehörten 1. die völlige Abrüstung und Entmilitarisierung Deutschlands; 2. die Entnazifizierung Deutschlands durch Auflösung der NSDAP und Entfernung aller ihrer Mitglieder aus öffentlichen Ämtern; 3. die Demokratisierung Deutschlands durch Umerziehung (»reeducation«) der Deutschen; 4. die Dezentralisierung der deutschen Verwaltung. In Bezug auf die Wirtschaft vereinbarten die Alliierten unter anderem die Demontage von Produktionsanlagen und die Behandlung Deutschlands als wirtschaftliche Einheit. Frankreich stimmte dem Potsdamer Abkommen am 7. August 1945 im Wesentlichen zu.

Seite 11

Wesel-Bridgehead – Bei Wesel verteidigte die deutsche Wehrmacht den letzten linksrheinischen Brückenkopf, bevor sie sich am 10. März 1945 auf das rechte Rheinufer zurückzog und die Rheinbrücken zerstörte. Unter den Augen des eigens angereisten britischen Premierministers Winston Churchill begannen britische, kanadische und amerikanische Truppen am Abend des 23. März vom eroberten Brückenkopf Wesel aus mit der Überquerung des Rheins.

Montys Gleitfliegerlandung – Gemeint ist vermutlich die vom britischen Feldmarschall Bernard Law Montgomery (1887 bis 1976) geleitete Luftlandeoperation der Alliierten mit dem Decknamen »Varsity«. Im Verlauf dieser Operation wurden am 24. März 1945 im Raum Emmerich–Bocholt–Wesel unter anderem etwa 1300 Lastensegler eingesetzt, die Geschütze, Jeeps, leichte Panzer und Tausende von Soldaten über den Rhein brachten.

Seite 12

Bailey Brücken – Im Zweiten Weltkrieg entwickelte Behelfsbrücke, benannt nach ihrem Erfinder, dem britischen Ingenieur Sir Donald C. Bailey (1901–1985). Grundelemente sind transportable gitterartige Stahlrahmen, die aneinander montiert werden. Die Errichtung der Behelfsbrücken gehörte zu Poseners engeren Aufgaben als Garrison Engineer der britischen Armee.

Seite 13

Fenner Brockways »German Diary« – Fenner Brockway (1888 bis 1988), britischer Sozialist, Führer der Independent Labour Party (ILP), besuchte Deutschland zwischen dem 28. April und 11. Mai 1946. Seine Eindrücke hielt er in dem Buch »German Diary« fest, das im gleichen Jahr in London erschien.

Seite 15

»There comes mischief« – (engl.) »Die führen nichts Gutes im Schilde.«

Bachur und Bachurah – (hebr.) die jungen, unverheirateten Männer und Frauen.

150

Seite 16

Tommy – Bezeichnung für die britischen Soldaten, oft auch in der Bedeutung »einfacher Soldat« in Abgrenzung zu den Offizieren.

Seite 17

nuisance value – (engl.) Störfaktor.

»Nissen«-Lager – von engl. »Nissen hut«. Nach ihrem Erfinder, dem britischen Bergbauingenieur Peter H. Nissen (gest. 1930), bezeichnete Wellblechhütte mit halbrundem Dach und Zementboden. Die in Fertigbauweise errichteten Nissen-Hütten sollten Bergarbeitern als billige Unterkünfte dienen.

Seite 20

Non-Fraternization – An die Besatzungssoldaten gerichtetes Verbot privater Kontakte zum Feind.

Seite 22

»bekriegt, besiegt, vertragt euch mit der Einquartierung« – In Goethes »Sprüchen« heißt es: »Gib eine Norm zur Bürgerführung! Hienieden, im Frieden, kehre jeder vor seiner Türe; bekriegt, besiegt, vertrage man sich mit der Einquartierung.«

»Je näher sie rückten ...« – Die zitierte Passage stammt wie erwähnt aus Thomas Manns 1939 erschienenem Roman »Lotte in Weimar«, 5. Kapitel (»Adele's Erzählung«).

Seite 26

Nürnberger Gesetze – Sammelbezeichnung für die am 15. September 1935 auf dem Reichsparteitag in Nürnberg verabschiedeten Rassengesetze und die folgenden 13 Durchführungsverordnungen. Das »Gesetz zum Schutz des deutschen Blutes und der deutschen Ehre« verbot unter Androhung von Zuchthausstrafen Eheschließungen und außerehelichen Geschlechtsverkehr zwischen Juden und »Ariern«. Juden wurde die Beschäftigung »arischer« Dienstmädchen unter 45 Jahren untersagt. Auch das Hissen der Reichsflagge (nunmehr Hakenkreuzfahne) war ihnen fortan verboten. Das »Reichsbürgergesetz« schloss Juden vom neuen, über die Staatsbürgerschaft gestellten Reichsbürgerrecht aus und machte sie damit zu Bürgern zweiter Klasse. Sie verloren das Wahlrecht und den Zugang zu öffentlichen Ämtern. Die N. G. definierten erstmals, wer als Jude zu gelten habe.

Stürmerkästen – In ganz Deutschland verbreitete Schaukästen, in denen das antisemitische Hetzblatt »Der Stürmer« ausgehängt wurde. Auf diesem Weg wurde über die Käufer und Abonnenten der seit 1923 von Julius Streicher herausgegebenen Wochenzeitschrift hinaus eine sehr viel größere Leserschaft erreicht.

Seite 27

Seit Potsdam – gemeint ist das Potsdamer Abkommen vom August 1945. Siehe die Anmerkung zu Seite 10.

peccavimus – (lat.) wir haben gesündigt.

Seite 28

der drei, die man nicht mehr belangen kann – Gemeint sind Hitler, Goebbels und Himmler, die Selbstmord begangen hatten und vor dem Nürnberger Kriegsverbrechertribunal nicht mehr zur Verantwortung gezogen werden konnten.

Pseudologia – krankhafte Sucht zu lügen.

Präambel von Versailles – Anspielung auf den Versailler Vertrag vom 28. Juni 1919, in dem die deutsche Alleinschuld am Ersten Weltkrieg festgestellt wurde. Der eigentliche »Kriegsschuldparagraph« ist Artikel 231.

Seite 29

von den Bischöfen von Münster... – Clemens August Graf von Galen (1878–1946), seit Oktober 1933 Bischof von Münster. Mutiger Prediger gegen die Unmenschlichkeit und das »Neuheidentum« des NS-Regimes. In drei berühmt gewordenen Predigten wandte er sich 1941 unter anderem gegen den Terror der Gestapo und die von den Nationalsozialisten unter dem Begriff »Euthanasie« veranlasste Tötung »unwerten Lebens«. Nach Kriegsende trat er gegen die Bestrafungspolitik der Besatzungsmächte auf. Weihnachten 1945 ernannte ihn Papst Pius XII. zum Kardinal. G. starb am 22. März 1946.

... und Paderborn – Lorenz Jaeger (1892–1975), seit 1941 Erzbischof von Paderborn. Kritiker des NS-Regimes. Januar 1965 Ernennung zum Kardinal.

Seite 30

Niemöller – Martin Niemöller (1892–1984). Im Ersten Weltkrieg U-Boot-Kommandant, nach dem Studium der Theologie Pastor in Berlin-Dahlem. Als Mitbegründer der Bekennenden Kirche (siehe Anmerkung zu Seite 36) stand er in scharfem Gegensatz zum Nationalsozialismus. 1937 Haftstrafe wegen angeblichen »Kanzelmissbrauchs«, danach in das KZ Sachsenhausen eingeliefert, 1941 in das KZ Dachau verlegt, aus dem ihn die amerikanischen Truppen 1945 befreiten. Mitverfasser des Stuttgarter Schuldbekenntnisses der evangelischen Kirche vom 19. Oktober 1945.

Seite 31

die 22 – Die 22 Angeklagten im Verfahren gegen die NS-Hauptkriegsverbrecher im Rahmen der Nürnberger Prozesse. Gegen Martin Bormann wurde in Abwesenheit verhandelt. Der Prozess begann am 20. November 1945, am 1. Oktober 1946 wurden die Urteile verkündet.

Seite 33

Schumacher – Kurt Schumacher (1895–1952), SPD-Politiker. 1914 Kriegsfreiwilliger, Verlust des rechten Arms. Seit 1919 SPD-Parteimitglied, 1924–1930 im Württembergischen Landtag, 1930–1933 Mitglied des Reichstags. Im Dritten Reich elf Jahre lang inhaftiert, zuletzt im KZ Neuengamme. Nach 1945 maßgeblich an der Wiedergründung der SPD beteiligt. 1946 Parteivorsitzender für die Westzonen, Kampf gegen die Vereinigung seiner Partei mit der KPD zur SED. Ab 1949 Mitglied des Bundestags und wichtigster Gegenspieler Adenauers, dessen Politik der Westorientierung er bekämpfte, weil er darin eine Gefahr für die Wiedervereinigung sah.

»more sinned against than sinning« – Zitat aus Shakespeares »King Lear«, 3. Akt, 2. Szene: »I am a man more sinned against than sinning« (Ich bin ein Mann, gegen den man mehr gesündigt hat, als dass er sündigte).

Seite 36

Bekenntniskirche – Die Bekennende Kirche. Gegen die NS-Kirchenpolitik gerichtete Oppositionsbewegung evangelischer Geistlicher und Laien. Sie organisierte sich Ende Mai 1934 auf der Barmer Bekenntnissynode im Protest gegen das von den Nationalsozialisten gleichgeschaltete und von den Deutschen Christen beherrschte Kirchenregiment und

wandte sich insbesondere gegen die Übernahme des Arier-
paragraphen und die Lösung vom Alten Testament. Unter
Berufung auf ein kirchliches Notrecht wurde der Macht-
und Rechtsanspruch der Reichskirche verneint; Amtsent-
hebungen, Verfolgung und Inhaftierung von Pastoren und
Laien waren die Folge. 18 Pfarrer der B.K. kamen zwischen
1937 und 1945 in Konzentrationslagern ums Leben.

Seite 37

Bekenntnis-Pastor Wilm – Ernst Wilm (1901–1989), Theologe,
Studium in Bethel, Tübingen, Greifswald und Halle. Seit
1931 Pfarrer in Mennighüffen (Westfalen). Als Mitglied der
Bekennenden Kirche predigte er öffentlich gegen die so genannte Euthanasie. 1942 von der Gestapo verhaftet und bis
Anfang Januar 1945 im Konzentrationslager Dachau interniert. Nach der Entlassung zur Wehrmacht einberufen, geriet er Ende April in Kriegsgefangenschaft. Rückkehr im
Herbst 1945. 1948–1968 Präses der Evangelischen Landes-
kirche von Westfalen.

Seite 38

Erez Israel – Das von Gott den Juden als Heimat bestimmte
»Land Israel« entsprach in etwa dem biblischen Kanaan. Die
Grenzen des mit diesem Begriff bezeichneten Territoriums
sind nicht definiert. Vor der Gründung des Staates Israel
1948 war damit Palästina gemeint.

Karl Barth – (1886–1968), schweizerischer evangelischer
Theologe. Studium unter anderem in Berlin. 1915 Mitglied
der sozialdemokratischen Partei der Schweiz. 1921 Professur
an der Universität Göttingen, ab 1926 in Münster, ab 1930 in
Bonn. 1931 Eintritt in die SPD. Neben Niemöller herausra-
gender Vertreter der Bekennenden Kirche. 1935 wegen seiner Weigerung, den Beamteneid auf Hitler abzulegen, in

den Ruhestand versetzt, Rückkehr in die Schweiz. Nach 1945 setzte er sich für eine wohlwollende Behandlung Deutschlands ein.

Seite 41

persische Frage – Nach dem deutschen Überfall auf die UdSSR besetzten sowjetische Truppen im August 1941 den iranischen Teil Aserbaidschans. Entgegen einer 1942 mit Großbritannien und dem neutralen Iran getroffenen Vereinbarung verharrten die russischen Streitkräfte auch über das Kriegsende hinaus im Norden Irans. Der Protest Teherans gegen den offensichtlichen Versuch der Sowjetunion, das Gebiet durch Gründung einer »Volksrepublik Aserbaidschan« dauerhaft vom Iran abzuspalten, stellte im Januar 1946 den ersten Streitfall dar, der vor der neu gegründeten UNO verhandelt wurde. Im Mai 1946 wurden die russischen Truppen abgezogen.

Seite 42

von den Großen Vier – den vier Besatzungsmächten Frankreich, Großbritannien, UdSSR und USA.

Seite 44

gerade der Leser in diesem Lande – Der vorliegende Bericht Poseners erschien erstmals 1947 in Jerusalem und richtete sich an die deutschen Juden in Palästina.

Seite 45

Gollancz – Victor Gollancz (1893–1967), Schriftsteller und Verleger aus jüdischer Familie. Mitglied der Labour Party. 1927 Gründer des Verlags Victor Gollancz Ltd. in London. Nach dem Krieg trat er für eine Verständigung mit einem demokratischen Deutschland ein. Als Vorsitzender der Organisation »Save Europe Now« protestierte G. immer wieder gegen die restriktiven Lebensmittelzuteilungen der britischen Militärregierung und initiierte Hilfslieferungen von Lebensmitteln, Wolldecken, Medikamenten, aber auch Büchern nach Deutschland. 1960 erhielt er den Friedenspreis des Deutschen Buchhandels.

Refugiés – (frz.) Flüchtlinge.

Zusammenlegung im Spätherbst – Um den Versorgungsschwierigkeiten in ihren Besatzungszonen abzuhelfen und weil eine Behandlung Deutschlands als Wirtschaftseinheit unter den Alliierten einstweilen nicht zu erreichen war, beschlossen die USA und Großbritannien im Dezember 1946, ihre Zonen mit Wirkung vom 1. Januar 1947 zusammenzulegen (»Bizone«).

Seite 46

Eleanor Roosevelt – (1884–1962). Die Witwe des amerikanischen Präsidenten Franklin D. Roosevelt traf am 15. Februar 1946 zu einem zweitägigen Besuch in Deutschland ein, um sich über die Ernährungssituation der deutschen Bevölkerung zu informieren.

Seite 50

Bevin, Novemberrede über Palästina – Ernest Bevin (1881–1951), britischer Politiker und Gewerkschafter. Seit dem 28. August 1945 Außenminister (bis 1951). Am 13. November 1945 erklärte B. in einer Rede vor dem Unterhaus, Ziel seiner Politik sei es, die heimatlosen Juden Europas in die Länder ihrer Herkunft zu repatriieren, nicht jedoch, sie nach Palästina ausreisen zu lassen.

die Kommission – Als Reaktion auf das massive Drängen der Zionisten, die von der britischen Mandatsmacht verhängten Einwanderungsbeschränkungen aufzuheben, richtete die Londoner Regierung im Oktober 1945 zusammen mit amerikanischen Vertretern ein Untersuchungskomitee ein. Diese Anglo-Amerikanische Kommission, die Ende des Jahres ihre Arbeit aufnahm, sollte die von zionistischer Seite erhobene Forderung prüfen, 100 000 Immigrantenzertifikate für europäische Juden auszustellen. Nach einer monatelangen Inspektionsreise durch Europa und den Nahen Osten kam das Komitee Ende April 1946 zu dem Ergebnis, die Einwanderung in dem geforderten Umfang zuzulassen.

Lowdermilk – Walter C. Lowdermilk (1888–1974), amerikanischer Geologe. 1935–1947 Abteilungsleiter im US-Agrarministerium. Forschungen über Bodenerosion und Urbarmachung. In seinem Buch »Palestine. Land of Promise« (1944) vertrat er die Ansicht, das Land Palästina könne sechs Millionen Bewohner ernähren, wenn alle seine natürlichen Ressourcen genutzt würden.

Zone – Gemeint ist die Britische Besatzungszone.

Seite 51

Herzl – Theodor Herzl (1860–1904), Schriftsteller und Journalist. Aufgewachsen in Budapest, brach er seine Richterlaufbahn auf Grund des dort herrschenden Antisemitismus ab. 1891–1896 Korrespondent der »Neuen Freien Presse« in Paris, danach Feuilletonchef dieser Zeitung in Wien. Als Verfasser von »Der Judenstaat« (1896) Wegbereiter des Zionismus und Vorkämpfer für einen jüdischen Staat. 1897 fand in Basel auf seine Initiative der Erste Zionistische Weltkongress statt.

Irmgard Littens »Eine Mutter gegen Hitler« – Irmgard Littens
»A mother fights Hitler« erschien 1940 in London, Paris und
New York. Die Autorin schildert die fünfjährige Gestapo-
und KZ-Haft ihres Sohnes, des Rechtsanwalts Hans Litten,
der in der letzten Phase der Weimarer Republik als Anwalt
von SA-Opfern Berühmtheit erlangt hatte und in der Nacht
des Reichstagsbrands verhaftet worden war. Hans Litten
starb im Februar 1938 im KZ Dachau. 1947 wurde die erste
deutsche Ausgabe unter dem Titel »Eine Mutter kämpft« im
Greifenverlag, Rudolstadt, veröffentlicht.

Seite 52

Briefwechsel Thomas Mann–Frank Thieß – Frank Thieß (1896
bis 1977), deutscher Schriftsteller und Essayist, Autor zunächst sozialkritischer, später auch sehr erfolgreicher histo-
rischer Romane (»Tsushima. Roman eines Seekrieges«
wurde in 16 Sprachen übersetzt), stand im Herbst 1945 im
Mittelpunkt der so genannten Großen Kontroverse, in deren
Verlauf er das Wort von der »Inneren Emigration« prägte.
Auslöser war die von Walter von Molo in einem offenen
Brief an Thomas Mann gerichtete Bitte, er möge beim Wiederaufbau Deutschlands mit Rat und Tat zur Seite stehen.
Thieß griff mit dem Artikel »Die innere Emigration« in die
Debatte ein:
Die im Land Gebliebenen seien moralisch eher berechtigt,
an der Neugestaltung Deutschlands mitzuwirken, denn die
Exilanten hätten die »deutsche Tragödie« von den »Logen
und Parterreplätzen« des Auslands verfolgt. Mann entgeg-
nete den Schriftstellern, die sich hinter dem Begriff Innere
Emigration versammelt hatten: »Es mag Aberglaube sein,
aber in meinen Augen sind Bücher, die von 1933 bis 1945 in
Deutschland überhaupt gedruckt werden konnten, weniger
als wertlos und nicht gut in die Hand zu nehmen. Ein Ge-
ruch von Blut und Schande haftet ihnen an: sie sollten alle

eingestampft werden.« Es sei ihm unmöglich, »in dieses verwilderte, ihm wildfremde Land« zurückzukehren. Eine achtseitige Zusammenstellung der in der »Münchner Zeitung« und im »Augsburger Anzeiger« geführten Debatte wurde 1946 unter dem Titel »Das Streitgespräch über die äußere und innere Emigration« bei Crüwell in Dortmund gedruckt.

Moabiter Sonette von Haushofer – Die postum, 1946, im Berliner Verlag Blanvalet erschienenen »Moabiter Sonette« Albrecht Haushofers sind ein literarisches Zeugnis des Widerstands gegen den Nationalsozialismus. Haushofer (1903 bis 1945), Geograf und Dramatiker (»Scipio« [1934], »Sulla« [1938] und »Augustus« [1938]), arbeitete 1928–1938 als Generalsekretär der Gesellschaft für Erdkunde in Berlin, ab 1933 auf Vermittlung von Rudolf Heß außerdem als Dozent an der Berliner Hochschule für Politik. 1934–1938 Beratungstätigkeit für die Dienststelle Ribbentrop, Übernahme von geheimen Missionen im Ausland, Teilnahme an der Münchner Konferenz. Nach Kriegsausbruch Distanzierung vom NS-Regime und Kontaktaufnahme zu Widerstandsgruppen, darunter zum Kreisauer Kreis und zur Gruppe um Carl Friedrich Goerdeler (siehe Anmerkung zu Seite 104). 1941 mehrwöchige Inhaftierung wegen Beteiligung an den Vorbereitungen zu Heß' Englandflug und Entlassung aus dem Auswärtigen Amt. Im Dezember 1944 erneute Verhaftung nach Ermittlungen zum Attentat vom 20. Juli. Im Gefängnis Lehrter Straße Niederschrift der 80 Moabiter Sonette. Am 23. April 1945 wurde Haushofer von einem SS-Kommando ermordet.

Abschied von der bisherigen Geschichte von Weber – Alfred Webers »Abschied von der bisherigen Geschichte« erschien am 30. September 1946 im Verlag A. Francke, Bern. Darin vertrat der seit 1935 emeritierte Heidelberger Nationalökonom

160

und Soziologe (1868–1958) die These, dass Nietzsche und der nietzscheanische Nihilismus eine kulturelle Abkehr von der europäischen Tradition der Menschlichkeit bedeuteten. In einem auf das aktuelle Zeitgeschehen referierenden Schlusskapitel deutete er das Phänomen des Nationalismus als eine Geisteshaltung, in der dämonische Anlagen zur Dominanz gelangt seien. Weber plädierte für die Erziehung eines demokratischen Menschentyps, für den Freiheit und Humanität wieder beherrschende Charakterzüge seien.

Kolbenheyer – Erwin Guido Kolbenheyer (1878–1962), Schriftsteller, promovierter Naturwissenschaftler und Psychologe mit biologistischem, sozialdarwinistischem Weltbild. Verfasser historischer Dramen und Romane, die unter Verwendung einer archaisierenden Sprache immer wieder den siegreichen Kampf des germanischen Menschen in einer feindlichen Umwelt thematisieren. Im Dritten Reich von den Nationalsozialisten hofiert und mit Kulturpreisen bedacht. 1940 NSDAP-Mitglied. Nach 1945 blieb er seiner völkisch-nationalistischen Gesinnung verhaftet.

Johst – Hanns Johst (1890–1978), Schriftsteller. Studium der Medizin, der Philologie und Kunstwissenschaft, Schauspieler. 1933 Dramaturg am Berliner Schauspielhaus. Im Dritten Reich repräsentativer Dramatiker des Nationalsozialismus. 1934 Ernennung zum Preußischen Staatsrat und Vorsitzenden der Deutschen Akademie der Dichtung, ab 1935 Präsident der Reichsschrifttumskammer. 1942 Ernennung zum SS-Gruppenführer ehrenhalber. 1949 von einer Spruchkammer im Entnazifizierungsverfahren als Hauptschuldiger zu dreieinhalb Jahren Arbeitslager und zehnjährigem Berufsverbot verurteilt.

Binding – Rudolf Binding (1867–1938), Schriftsteller. Jura- und Medizinstudium. Seit 1909 schriftstellerisch tätig, wobei männliches Heldentum und das Pathos von Ehre und Krieg wiederkehrende Motive bildeten. 1933 verteidigte er die nationalsozialistische Machtübernahme mit seiner Schrift »Antwort eines Deutschen an die Welt«. 1934 zweiter Vorsitzender der Preußischen Akademie der Künste. Später vorsichtige Distanzierung vom Nationalsozialismus.

Grimm – Hans Grimm (1875–1959), Schriftsteller. 1901–1911 Kaufmann in England und Südafrika. 1911–1914 Studium der Staatswissenschaften in München. Im Ersten Weltkrieg zunächst Frontsoldat, dann Mitarbeit in der Auslandsabteilung der Obersten Heeresleitung. Erste literarische Arbeiten, die von einem antiliberalen, extrem nationalistischen Geist geprägt waren. 1926 erschien »Volk ohne Raum«, eines der meistverkauften Bücher der Weimarer Zeit und zugleich eines der Schlüsselwerke des Nationalsozialismus. 1933 im Präsidialrat der Reichsschrifttumskammer, 1935 wegen zunehmender Differenzen mit dem Nationalsozialismus daraus entlassen. Nach 1945 vertrat er ungebrochen seine rechtsextremen Überzeugungen, 1953 Kandidat der neonazistischen Deutschen Reichspartei (siehe Seite 96 *Deutsche Rechtspartei*) für die Bundestagswahlen.

Seite 53

Captatio malevolentiae – Ableitung des aus der Rhetoriklehre stammenden Begriffs Captatio benevolentiae (lat.), mit dem das Werben um die Gunst des Publikums mittels bestimmter Redewendungen bezeichnet wird. Hier ist also eine Formel gemeint, die den Zuhörer für die Missbilligung einer Sache oder einer Person gewinnen will.

Seite 55

Maria Sevenich – (1907–1970), CDU-Politikerin. Mit 16 Jahren KPD-Mitglied, 1933 verhaftet, nach der Entlassung Flucht in die Schweiz, 1937 Emigration nach Frankreich. Abkehr vom

Marxismus und Hinwendung zum Katholizismus. 1942 von der Gestapo nach Deutschland zurückgebracht, bis Kriegsende in Zuchthaus- und KZ-Haft. Nach 1945 Mitbegründerin der CDU in Darmstadt, 1946/47 Mitglied des Hessischen Landtags, 1947–1970 Mitglied des Niedersächsischen Landtags, seit 1949 für die SPD. 1965–1967 niedersächsische Ministerin für Bundesangelegenheiten, Flüchtlinge und Vertriebene.

Wulle – Reinhold Wulle (1882–1950), 1908–1918 Journalist und Chefredakteur mehrerer Zeitungen, 1918–1920 Chefredakteur der »Deutschen Zeitung« des nationalistischen Alldeutschen Verbands. 1920-1924 Reichstagsmitglied zunächst für die Deutschnationale Volkspartei (DNVP), ab 1922 für die von ihm mitbegründete völkische und antisemitische Deutschvölkische Freiheitspartei (DVFP). Im Kampf gegen die NSDAP stellte er sich hinter von Schleicher und von Papen. 1938–1942 Haft wegen illegaler Parteiaktivität, die letzten beiden Jahre im KZ Sachsenhausen. 31. Oktober 1945 Mitbegründer der Deutschen Aufbau Partei (DAP), im März 1946 Verbot der politischen Betätigung.

Seite 57

Tory-Colonel, Tories – Anhänger der britischen Conservative Party, die bei den Wahlen im Juli 1945 der Labour Party unterlag.

Control Commission – Die Control Commission for Germany (British Element) war das höchste Organ der britischen Besatzung in Deutschland mit Sitz in Berlin-Wilmersdorf. Sie besaß zonale, regionale und lokale Unterabteilungen in der Britischen Besatzungszone sowie im britischen Sektor Berlins.

Seite 61

Deutsche Arbeitsfront – (DAF). Nach der Zerschlagung der Gewerkschaften im Mai 1933 im Zuge der Gleichschaltungs-
politik gegründeter Wirtschaftsverband, in dem Arbeitnehmer und Arbeitgeber aller Berufszweige zwangsvereinigt
wurden. In Fragen der Löhne und Gehälter sowie der
Arbeitsbedingungen war die Organisation ohne Einfluss.
Wegen der nur formell freiwilligen Mitgliedschaft verfügte
die größte NS-Massenorganisation schon 1934 über rund
14 Millionen, 1942 über rund 25 Millionen Mitglieder. Zur
DAF gehörte unter anderem die »Gemeinschaft« »Kraft
durch Freude« (KdF).

PGs – Parteigenossen. Gemeint sind die Mitglieder der
NSDAP.

Seite 62

kurulische Sessel – Amtssessel der höchsten römischen Beamten.

Seite 64

Stahlhelm – Im Dezember 1918 von dem Chemiefabrikanten
und Reserveoffizier Franz Seldte gegründeter Wehrverband
ehemaliger Frontsoldaten, der zunächst gegen Sozialisten
und Kommunisten gerichtet war, doch im weiteren Verlauf
seines Bestehens eine allgemein antirepublikanische, natio-
nalistisch-autoritäre und auch antisemitische Haltung ein-
nahm. 1925 gehörten ihm etwa 400 000 Mitglieder an. Die
große Übereinstimmung mit den Zielen der nationalsozialistischen Kampfverbände machte ihn zu einem Steigbügel-
halter des NS-Regimes. Im März 1934 als »Nationalsozia-
listischer Deutscher Frontkämpferbund« gleichgeschaltet,
wurde er im November 1935 aufgelöst.

Verein für Deutschtum im Ausland – Verein (ab 1933: Volksbund) für das Deutschtum im Ausland (VDA). Der völkischen Bewegung zuzurechnende Organisation, deren Anfänge auf den 1880 gegründeten Deutschen Schulverein zurückgehen. Vereinsziel war der Schutz deutscher Kultur und die Unterstützung deutscher Minderheiten im Ausland. 1908 Umbenennung in Verein für das Deutschtum im Ausland. 1933–1937 Verfünffachung der Mitgliederzahl. 1939 Fusion mit dem Bund Deutscher Osten (BDO). 1945 von den Alliierten verboten, gleichwohl als »Arbeitskreis« weiter aktiv. 1955 Wiedergründung unter dem alten Namen. Trotz der engen Verbindungen des VDA zu Militärdiktaturen und rechtsextremen Kreisen wurde der VDA bis 1998 aus dem Haushalt des Auswärtigen Amts mit zuletzt jährlich 2,8 Millionen DM unterstützt. Im November 1999 Umbenennung in »VDA – Verein für deutsche Kulturbeziehungen im Ausland«.

Seite 65

DAF – Deutsche Arbeitsfront. Siehe Anmerkung zu Seite 61.

Seite 67

Hugenberg – Alfred Hugenberg (1865–1951), Unternehmer und Bankier. 1890 Mitbegründer des aggressiv nationalistischen Alldeutschen Verbands. Verschiedene Leitungsfunktionen in der Wirtschaft. Ab 1916 Aufbau eines nationalkonservativen Medienkonzerns mit Zeitungs- und Buchverlagen und Filmstudios. 1919 Eintritt in die Deutschnationale Volkspartei (DNVP), ab 1920 Mitglied des Reichstags, 1928 bis 1933 Parteivorsitzender der DNVP. 1931 Bündnis mit der NSDAP in der »Harzburger Front«, 1933 Reichswirtschaftsminister im ersten Kabinett Hitlers. Nach dem erzwungenen Ausscheiden der Koalitionsparteien aus der Regierung im

Juni 1933 Rückzug ins Privatleben. Von November 1933 bis 1945 NSDAP-Mitglied. Im Entnazifizierungsverfahren vor der Spruchkammer in Detmold im Juli 1949 als »Mitläufer« eingestuft.

Kriegerverein – Im Kaiserreich und in der Weimarer Republik weit verbreiteter Zusammenschluss ehemaliger Soldaten mit dem Ziel, die Erinnerung an das Kriegserlebnis wachzuhalten, die gemeinsame nationale Gesinnung zu pflegen und bedürftige Kameraden und Hinterbliebene von Vereinsmitgliedern zu unterstützen. Die vor allem seit den Einigungskriegen blühenden Kriegervereine übten durch Feste, Gedenkfeiern, Umzüge und Ähnliches einen erheblichen Einfluss auf das politische und gesellschaftliche Leben in Deutschland aus. 1913 waren im Deutschen Reich fast drei Millionen Veteranen und Reservisten in 32 000 Kriegervereinen organisiert.

Reichskolonialbund – 1936 als Nachfolger der zwangsaufgelösten Deutschen Kolonialgesellschaft (DKG) und einiger kleinerer Kolonialvereinigungen gegründet. Als Gliederung der NSDAP führte der R. die Kolonialagitation in nationalsozialistischem Sinn fort. 1943 auf Befehl Hitlers aufgelöst.

Seite 70

Schacht, der stolze Meineidige – Hjalmar Schacht (1877–1970), Reichsbankpräsident und Reichswirtschaftsminister. 1918 Mitbegründer der Deutschen Demokratischen Partei (DDP). 1923–1930 Reichswährungskommissar und Reichsbankpräsident. 1926 Austritt aus der DDP und Annäherung an rechte politische Kreise, 1930–1932 Unterstützer der »Harzburger Front«. 1933–1939 erneut Reichsbankpräsident. 1934 Ernennung zum Reichswirtschaftsminister, 1935 zum Generalbevollmächtigten für die Kriegswirtschaft. Rücktritt 1937, bis

1944 Minister ohne Geschäftsbereich, 1939 Entlassung aus dem Amt des Reichsbankpräsidenten. Ende Juli 1944 Verhaftung wegen loser Kontakte zur Widerstandsbewegung, Einlieferung in das KZ Ravensbrück, später Flossenbürg. Im Oktober 1946 im Nürnberger Hauptkriegsverbrecherprozess freigesprochen.

Das Epitheton »der stolze Meineidige« könnte sich auf das gegenüber der Reichsregierung gebrochene Versprechen Schachts beziehen, mit der Veröffentlichung seines Memorandums zum Young-Plan zu warten, bis dieser unterzeichnet sei. Schacht hatte die Konditionen des Reparationsplans 1929 selbst ausgehandelt, sich dann aber davon distanziert. Die im Dezember 1929 publik gemachte Kritik des Reichsbankpräsidenten befeuerte eine seit Wochen betriebene Kampagne der Rechtsparteien gegen die Annahme des Young-Plans.

Seite 73

galvanisierte – von engl. »to galvanize«, (re)aktivieren, in Schwung bringen.

Seite 74

Quislinge – Abwertende, vom Namen des norwegischen Faschistenführers Vidkun Quisling (1887–1945) abgeleitete Bezeichnung für einheimische Kollaborateure, die unter fremder Besatzung im Namen der Okkupanten die Okkupierten regieren. Nach der Besetzung Norwegens durch die Deutschen war Quisling von 1942 bis 1945 Ministerpräsident einer völlig vom nationalsozialistischen Deutschland abhängigen »nationalen Regierung«. Im Mai 1945 verhaftet, wurde er wegen Hoch- und Landesverrats am 24. Oktober 1945 in Oslo hingerichtet.

Seite 75

full of sound and fury, signifying nothing – Bruchstück eines Zitats aus Shakespeares »Macbeth«, 5. Akt, 5. Szene, gemünzt auf das Leben jedes einzelnen Menschen: »It is a tale, told by an idiot, full of sound and fury, signifying nothing« (Es ist eine Geschichte, wie sie ein Irrer erzählt, voller Wildheit und Lärm, ohne jeden Sinn).

Seite 76

Unconditional surrender – (engl.) bedingungslose Kapitulation, die die Alliierten auf Initiative des amerikanischen Präsidenten Roosevelt seit der Konferenz von Casablanca 1943 von den Achsenmächten Deutschland, Italien und Japan forderten.

Arthur Mahraun – (1890–1950), konservativer Politiker, Berufsoffizier im Ersten Weltkrieg. Januar 1919 Gründer des konterrevolutionären Freikorps »Offizierskompagnie Kassel«, 1920 des Jungdeutschen Ordens. Diese von sozialromantischen Ideen der Jugendbewegung beeinflusste Vereinigung vertrat sowohl antiparlamentarische wie antikapitalistische Ziele, setzte sich gleichwohl für die Republik ein und grenzte sich entschieden von den Nationalsozialisten ab. Auf seinem Höhepunkt zählte der Jungdeutsche Orden 200 000 Mitglieder. Im Juni 1933 wurde er verboten, Mahraun wurde verhaftet und misshandelt. Nach 1945 lebte Mahraun in Gütersloh, nachdem er von den Briten vorübergehend interniert worden war.

Thälmann – Ernst Thälmann (1886–1944), KPD-Politiker, Transportarbeiter. 1903 Eintritt in die SPD. Teilnahme am Ersten Weltkrieg. 1919/20 Vorsitzender der USPD in Hamburg, wechselte Ende 1920 mit dem linken Flügel seiner Partei zur KPD. Seit 1924 Leiter des Roten Frontkämpferbunds, Präsidiumsmitglied im Exekutivkomitee der Kommunistischen Internationale, 1925 Übernahme des KPD-Vorsitzes. 1924–1933 Mitglied des Reichstags, 1925 und 1932 Kandidat der KPD bei den Wahlen zum Reichspräsidenten. Am 3. März 1933 wurde er verhaftet und elf Jahre lang gefangengehalten, bis er am 18. August 1944 auf Befehl Hitlers und Himmlers im KZ Buchenwald ermordet wurde.

von Witzleben – Erwin von Witzleben (1881–1944), Generalfeldmarschall. Seit 1901 aktiver Offizier. 1934 Befehlshaber im Wehrkreis III (Berlin-Brandenburg). 1938/39 an den Staatsstreich- und Attentatsplänen gegen Hitler beteiligt. 1940 Ernennung zum Generalfeldmarschall, Kommandeur der Heeresgruppe D im Westen, von April 1941 an Oberbefehlshaber West in Frankreich. Im März 1942 angeblich aus Gesundheitsgründen aus dem Dienst ausgeschieden. 1943/44 an Vorbereitungen für einen Staatsstreich beteiligt. Bei einem Gelingen der Verschwörung vom 20. Juli 1944 sollte v. W. den Oberbefehl über die Wehrmacht übernehmen. Einen Tag nach dem fehlgeschlagenen Attentat verhaftet, wurde er am 8. August 1944 im Schnellverfahren verurteilt und in Berlin-Plötzensee hingerichtet.

Seite 77

die drei Pfeile – Kampfabzeichen der am 16. Dezember 1931 als Antwort auf die »Harzburger Front« gegründeten »Eisernen Front« aus SPD, dem Allgemeinen Deutschen Gewerkschaftsbund (ADGB), dem Allgemeinen freien Angestellten-Bund (AfA-Bund), dem Reichsbanner Schwarz-Rot-Gold und den Arbeitersportorganisationen. Nach dem Zweiten Weltkrieg als Symbol von den Sozialdemokraten verwendet.

169

Seite 81

Max Reimann – (1898–1977), KPD-Politiker. Parteimitglied seit 1919, Parteisekretär im Bezirk Hamm 1928–1932. Führender Funktionär der seit dem 27. Februar 1933 illegalen KPD. Im Mai 1934 Emigration, 1936–1939 Mitglied des Auslandsbüros des Zentralkomitees der KPD. 1939 von der Gestapo in Mährisch-Ostrau verhaftet und bis 1945 zunächst im Zuchthaus Dortmund, dann im KZ Sachsenhausen inhaftiert. Vorsitzender des am 20. September 1946 gegründeten KPD-Landesverbands Nordrhein-Westfalen. 1946–1948 Abgeordneter seiner Partei im Zonenbeirat der britischen Zone. 1947 Vorsitzender der in Herne ansässigen Zonenleitung der KPD für die britische Zone, 1948 schließlich Vorsitzender der westdeutschen KPD bis zu ihrem Verbot 1956. Mitglied des Parlamentarischen Rats und des Bundestags von 1948 bis 1953. Von 1956 bis 1968, als gegen ihn in der Bundesrepublik ein Haftbefehl vorlag, lebte R. in der DDR. 1971 trat er der DKP bei und wurde deren Ehrenvorsitzender.

»heart to heart talk« – (engl.) offene Aussprache.

Kaiser – Ewald Kaiser (1905–1992), KPD-Politiker, Schriftsetzer. KPD-Mitglied seit 1924. 1932/33 Abgeordneter des Preußischen Landtags. 1934–1944 im Zuchthaus, danach im KZ Sachsenhausen. 1945 Mitglied der KPD-Bezirksleitung Ruhrgebiet. Zusammen mit Max Reimann (siehe vorhergehende Anmerkung) Vorsitzender der KPD Nordrhein-Westfalen, 1947/48 Abgeordneter seiner Partei im Zonenbeirat der britischen Zone. 1946–1953 Mitglied des Nordrhein-Westfälischen Landtags, 1947/48 Vizepräsident. 1949 bei einem Besuch in der DDR verhaftet, später rehabilitiert. Lebte fortan in der DDR.

Lichtenstein – Kurt Lichtenstein (1911–1961), KPD-Politiker aus jüdischer Familie, Werkzeugmacher. 1933 Flucht ins Saargebiet, später nach Frankreich. Teilnahme am spanischen Bürgerkrieg. 1939–1941 Internierung in Frankreich. 1945 Sekretär der KPD-Bezirksleitung Ruhrgebiet-Westfalen. Seit 1946 Chefredakteur der »Neuen Volkszeitung« (Dortmund) und der »Freiheit« (Herne). Mitglied des Nordrhein-Westfälischen Landtags 1947–1950. Nach einem Parteiverfahren 1953 als »Verräter« aus der KPD ausgeschlossen. 1961 auf einer Reportagereise entlang der deutsch-deutschen Grenze von DDR-Grenzsoldaten erschossen.

Müller – Kurt Müller (1903–1990), KPD-Politiker, Werkzeugmacher. 1920 KPD-Mitglied. Verschiedene Funktionen innerhalb des Kommunistischen Jugendverbands (KJVD), 1929 dessen Vorsitzender. 1934 als Leiter der illegalen KPD im Bezirk Baden verhaftet, zu sechs Jahren Zuchthaus verurteilt, danach bis zur Befreiung im KZ Sachsenhausen interniert. 1945 Vorsitzender des KPD-Bezirks Hannover-Braunschweig, seit Mai 1947 des KPD-Landesverbands Niedersachsen. 1946–1948 Abgeordneter im Hannoverschen, später Niedersächsischen Landtag, zugleich Vertreter seiner Partei im Zonenbeirat der britischen Zone. 1948/49 stellvertretender Parteivorsitzender der westdeutschen KPD, 1949–1953 Mitglied des Deutschen Bundestags. Im März 1950 vom DDR-Staatssicherheitsdienst nach Ost-Berlin gelockt, verhaftet und 1953 von einem sowjetischen Gericht in einem Geheimprozess als Abweichler zu 25 Jahren Gefängnis in der UdSSR verurteilt. 1955 entlassen, kehrte er in die Bundesrepublik zurück, wurde Mitglied der SPD und Mitarbeiter der Friedrich-Ebert-Stiftung.

Seite 84

Severing – Carl Wilhelm Severing (1875–1952), SPD-Politiker, Gewerkschaftssekretär, Schlosser. 1912–1919 Redakteur der sozialdemokratischen »Volkswacht« in Bielefeld. 1907–1912 und 1920–1933 Reichstagsabgeordneter, 1919/20 Mitglied der Nationalversammlung, 1920–1926 preußischer Innenminister, 1928–1930 Reichsinnenminister im Kabinett Müller, 1930–1932 erneut preußischer Innenminister, nach der Absetzung durch die Reichsregierung unter Franz von Papen Rückzug ins Privatleben. Nach 1945 maßgeblich beteiligt am Wiederaufbau der SPD in Ostwestfalen, 1946 Vorsitzender des SPD-Bezirks Östliches Westfalen. 1947–1952 Mitglied des Landtags von Nordrhein-Westfalen, Mitarbeit an der neuen Landesverfassung.

Wahlen in der britischen Zone – Am 15. September 1946 fanden in der britischen Zone Gemeindewahlen statt. Sie brachten folgendes Ergebnis: CDU 34,8 %, SPD 33,4 %, Niedersächsische Partei 5,8 %, KPD 5,3 %, FDP 3,7 %, Zentrum 3,0 %, Deutsche Rechtspartei 0,1 %, Sonstige 13,9 %.
Am 13. Oktober 1946 wurden in der britischen Zone Kreis- und Städtewahlen abgehalten. Das Ergebnis für Nordrhein-Westfalen lautete: CDU 46 %, SPD 33,4 %, KPD 9,4 %, Zentrum 6,2 %, FDP 4,3 % bei einer Wahlbeteiligung von 74,4 %.

Seite 85

Stuttgarter Rede von Byrnes – Am 6. September 1946 hielt US-Außenminister James Francis Byrnes (1879–1972) in Stuttgart vor deutschen Politikern eine Grundsatzrede zur amerikanischen Deutschlandpolitik, die einen deutlichen Wandel signalisierte. Als Ziele wurden die größtmögliche wirtschaftliche Vereinigung Deutschlands und die Bildung einer vorläufigen gesamtdeutschen Regierung formuliert. Hinsichtlich der deutschen Ostgrenze erklärte Byrnes, über ihren Verlauf werde erst durch ein Viermächteabkommen entschieden.

Seite 86

Molotow – Wjatscheslaw Michailowitsch Molotow, eigentlich
W. M. Skrjabin (1890–1986), sowjetischer Politiker. Als Außenminister (1939–1949 und 1953–1956) war er maßgeblich
am Zustandekommen des deutsch-sowjetischen Nichtan-
griffspakts vom 23. August 1939 beteiligt. Nach dem Krieg
hatte die Sowjetunion die östlich der Oder-Neiße-Linie ge-
legenen deutschen Gebiete ohne Einwilligung der Westalli-
ierten polnischer Verwaltung unterstellt. Obwohl die endgültige Regelung der polnischen Westgrenze gemäß dem
Potsdamer Abkommen einem Friedensvertrag vorbehalten
sein sollte, bezeichnete M. die Oder-Neiße-Grenze Mitte
September 1946, wenige Tage nach der Rede des US-Außen-
ministers Byrnes in Stuttgart, als unwiderruflich.

Wahlsieg der SPD in Berlin – Bei den Wahlen zum Berliner
Abgeordnetenhaus am 20. Oktober 1946 errang die SPD
48,7 % der Stimmen, die CDU 22,2 %, die SED 19,8 % und die
LDP 9,3 %.

Seite 88

Crottorf – Am südlichen Rand der Britischen Besatzungszone, bei Friesenhagen im Siegerland gelegenes Wasser-
schloss mit großem Waldbesitz.

Seite 89

»Hausbrand« – Heizmaterialien.

Fall Gruener – Wahrscheinlich Anspielung auf die erregte
Debatte um das Schicksal des jüdischen Widerstandskämp-
fers Dov Gruner (1912–1947). In der Hochphase der jüdischen Terrorakte gegen die britische Verwaltung in Palästina
hatte Gruner im April 1946 an einem Anschlag auf die Poli-
zeiwache in Ramat Gan teilgenommen und war dabei ge-

fasst worden. Obwohl Gruner bei der Aktion schwer verletzt
worden war und trotz internationaler Appelle, ihm gegenüber Milde walten zu lassen, verurteilte ihn die britische
Mandatsbehörde zum Tode. Im Prozess hatte Gruner die
Legitimität des Gerichts bestritten, über ihn zu richten, aus
dem gleichen Grund lehnte er es später ab, ein Gnadenge-
such zu stellen, dem nach allgemeiner Erwartung stattgege-
ben worden wäre. Er wurde am 16. April 1947 zusammen
mit drei anderen Untergrundkämpfern gehängt. Sein Tod
führte zu einer weiteren Stufe der Eskalation im britisch-zio-
nistischen Konflikt.

Seite 91

Pieck – Wilhelm Pieck (1876–1960), KPD-Politiker. 1895 Ein-
tritt in die SPD, 1918/19 Mitbegründer des Spartakusbunds
und Teilnehmer am Gründungsparteitag der KPD, Mitglied
des Preußischen Landtags (1921–1928 und 1932/33) und des
Reichstags (1928–1932). 1931 Mitglied des Präsidiums des
Exekutivkomitees der Kommunistischen Internationale
(EKKI). 1933 Exil zunächst in Frankreich, ab 1935 in der
Sowjetunion. Vorsitzender der KPD in Moskau. 1943 Mitbegründer des Nationalkomitees Freies Deutschland. 1945
Rückkehr nach Berlin, im April 1946 maßgeblich beteiligt
an der Zwangsvereinigung von KPD und SPD zur Sozialistischen Einheitspartei Deutschlands (SED), deren Vorsitz er
neben Otto Grotewohl innehatte. 1949 bis zu seinem Tod
erster Staatspräsident der DDR.

Grotewohl – Otto Grotewohl (1894–1964), SPD-Politiker. 1912
Parteimitglied, 1918 Wechsel zur USPD, 1922 Rückkehr zur
SPD. 1925–1933 Reichstagsabgeordneter. Im Dritten Reich
Arbeit als Vertreter, 1937/38 siebenmonatige Inhaftierung.
1945 Vorsitzender des Zentralausschusses der SPD in Berlin,
zögerliche Einwilligung in die Vereinigung mit der KPD zur

SED im April 1946. Bis 1954 neben Pieck Parteivorsitzender. Nach der Konstituierung der DDR bis zu seinem Tod deren erster Ministerpräsident.

Seite 94

stärkste Partei der britischen Zone – Diese Aussage trifft nicht zu. Werden die Wahlen vom 15. September und 13. Oktober 1946 zusammen betrachtet, so entfielen auf die SPD 36,5 % der Stimmen, während die CDU mit 38,5 % stärkste Partei wurde (siehe Anmerkung zu S. 84).

Seite 95

Oppenheimer – Franz Oppenheimer (1864–1943), Wirtschaftswissenschaftler und Soziologe. Sohn eines Rabbiners. 1909 Professor für Soziologie und theoretische Nationalökonomie an der Universität Frankfurt am Main. O. sah die Ursachen des sozialen Elends im »Bodenmonopol«, dessen Aufhebung er forderte. Er trat für die Beseitigung des Großgrundbesitzes und die Gründung von Siedlungsgenossenschaften ein. 1938 Emigration in die USA. O. war mit Martha Oppenheim verheiratet, einer Tante Poseners.

Nölting – Erik Nölting (1892–1953), SPD-Politiker, Wirtschaftswissenschaftler. 1921 SPD-Eintritt. 1923 Professor an der gewerkschaftseigenen Akademie der Arbeit in Frankfurt am Main, später am Berufspädagogischen Institut in Berlin. 1928–1933 Mitglied des Preußischen Landtags, 1928–1932 Generalreferent für Wirtschaft bei der Regierung von Westfalen. 1933 aus allen Ämtern entlassen. 1945 Berufung als Generalreferent für Wirtschaft in die Provinzialregierung nach Münster. 1946–1950 Mitglied des Landtags von Nordrhein-Westfalen, zugleich Wirtschaftsminister des Landes, trat für die Sozialisierung der Ruhrindustrie und eine gesamteuropäische Wirtschaftsunion ein. 1949 Mitglied des

Bundestags, wirtschaftspolitischer Sprecher der SPD-Fraktion.

Victor Agartz – (1897–1964), SPD-Politiker, Volkswirt und Jurist. 1915 SPD-Mitglied. Nach dem Ersten Weltkrieg aktiv im sozialdemokratischen Genossenschaftswesen. Nach 1933 als Wirtschaftsprüfer tätig, Verbindungen zu Widerstandskreisen. Im Mai/Juni 1945 Kontaktaufnahme zu Kölner Sozialdemokraten. Im März 1946 Berufung zum Generalsekretär des Wirtschaftsrats der britischen Zone, April 1946 Leiter des Zentralamts für Wirtschaft in Minden, seit Januar 1947 zuständig für die gesamte Bizone. Mitglied des Nordrhein-Westfälischen Landtags 1946/47, Vorstandsmitglied der SPD in der britischen Zone, Mitverfasser des Wirtschaftsprogramms der SPD im Mai 1946. 1948–1955 Leiter des Wirtschaftswissenschaftlichen Instituts des DGB. Wegen seiner orthodox marxistischen Überzeugungen 1955 zunächst aus seiner Führungsfunktion beim DGB und 1958 auch aus der SPD ausgeschlossen.

Seite 96

Deutsche Rechtspartei – Im Juni 1946 aus der Fusion der Deutschen Aufbau Partei (DAP) mit der Deutschen Konservativen Partei (DKP) gebildete Partei mit starken neonazistischen Tendenzen. Die DAP war Ende Oktober 1945 von Reinhold Wulle (siehe Anmerkung zu Seite 55) im westfälischen Gronau, die DKP im November von Wilhelm Jaeger, einem früheren Landtagsabgeordneten der DNVP, in Wuppertal gegründet worden. Im Zusammenschluss mit anderen rechtsextremen Splittergruppen entstand 1950 die Deutsche Reichspartei.

Herr von Ostau – Joachim von Ostau (1902–1969). 1921–1924 kaufmännische Ausbildung. 1925–1929 Engagements als Regieassistent und Regisseur an verschiedenen Theatern,

1929/30 Direktor des Deutschen Volkstheaters in Berlin. Seit 1931 Mitgesellschafter mehrerer Textilbetriebe. NSDAP-Beitritt vor 1930, Gaureferent für politische Schulung der NSDAP in Westfalen. 1932 Austritt aus der Partei, Kooperation mit General von Schleicher und Franz von Papen. 1945 Mitbegründer der Deutschen Aufbau Partei (DAP), 1946 einer von drei Vorsitzenden der Deutschen Rechtspartei (siehe vorhergehende Anmerkung) in der britischen Zone, Ende März 1947 Parteiausschluss, danach zahlreiche Parteigründungen.

Seite 97

Wascher – Rudolf Wascher (1904–1956), KPD-Politiker, Bauarbeiter. KPD-Mitglied seit 1925, 1931–1933 Stadtverordneter in Köln. Im August 1933 Emigration in die Niederlande, später nach Frankreich. Seit Mai 1946 Erster Sekretär der KPD-Bezirksleitung Mittelrhein, seit September 1946 Sekretär der KPD-Landesleitung in Nordrhein-Westfalen. 1946–1952 Mitglied des Nordrhein-Westfälischen Landtags.

Böckler – Hans Böckler (1875–1951), SPD-Politiker und Gewerkschafter. Seit 1894 SPD-Mitglied, seit 1904 Gewerkschaftsfunktionär. 1928–1933 Mitglied des Reichstags, während der NS-Diktatur mehrfach verhaftet. Nach 1945 engagierte er sich für den Aufbau einer starken Einheitsgewerkschaft. 1947 Vorsitzender des Deutschen Gewerkschaftsbunds (DGB) in der britischen Zone, 1949 erster DGB-Vorsitzender der Bundesrepublik.

Seite 98

»Er stieg die Treppen zur Tribüne hinauf ...« – Die eindrucksvolle Schilderung von Schumachers Auftritt beim 1. SPD-Parteitag nach dem Krieg am 9. Mai 1946 in Hannover entstammt vermutlich einem Bericht Fenner Brockways in der Zeitschrift »The New Leader«.

177

Gnoss – Ernst Gnoß (1900–1949), SPD-Politiker, Schriftsetzer.
Von Januar bis Mai 1933 Parteisekretär der SPD in Essen.
1935 Verhaftung wegen illegaler politischer Tätigkeit und
Verurteilung wegen Vorbereitung zum Hochverrat (vier
Jahre Zuchthaus). Vorsitzender des im Herbst 1945 wieder-
begründeten SPD-Bezirks Niederrhein. Seit dem 2. Oktober
1946 Präsident des ernannten Landtags von Nordrhein-
Westfalen, nach dem 19. Dezember 1946 dessen Vizepräsident. Von April 1948 bis zu seinem Tod am 12. März 1949
nordrhein-westfälischer Wiederaufbauminister im Kabinett
Karl Arnold.

Seite 100

*Konferenz über Deutschland, die damals auf den November ange-
setzt war* – Am Ende der Pariser Außenministerkonferenz
(25. April bis 15. Mai 1945) schlug der amerikanische Außenminister Byrnes für November eine weitere Konferenz vor,
auf der die Bedingungen eines Friedensvertrags mit
Deutschland erörtert werden sollten. Dazu kam es nicht. Die
russische Seite wandte unter anderem ein, dass es keine
deutsche Regierung gebe, mit der ein Friedensvertrag abgeschlossen werden könnte. Die nächste Außenministerkonferenz fand erst vom 10. März bis 24. März 1947 in Moskau
statt.

Seite 101

Stoeckerzeit – Die Hochphase der antisemitischen »Berliner
Bewegung« des Hofpredigers Adolf Stoecker (1825–1909) fiel
in die Jahre 1879 bis 1885. Stoecker hatte in zwei Reden im
September 1879 eine Debatte über die Stellung der Juden in
Deutschland ausgelöst, an der sich unter anderem auch der
Historiker Heinrich von Treitschke beteiligte. Sie markiert
den Beginn einer organisierten antisemitischen Bewegung,

die auf die Rücknahme der bürgerlichen Rechte der Juden und Einwanderungsverbote zielte und über den religiösen hinaus einen geistig-kulturellen Gegensatz von jüdischem und christlich-deutschem Wesen behauptete. Während der politische Erfolg von Stoeckers konservativ-christlichem Antisemitismus Mitte der achtziger Jahre nachließ, entfaltete sich die von ihm mit angestoßene Bewegung in einer breiten Palette antijüdischer Parteien und Verbände mit teilweise völkisch-rassistischem Hintergrund. Die von Stoecker 1878 gegründete Christlichsoziale Partei erlitt bei den Reichstagswahlen im selben Jahr eine vernichtende Niederlage, bestand jedoch als Splitterpartei bis zum Ersten Weltkrieg fort.

Kantorowicz – Richard Kantorowicz (1876–1949), Veterinärmediziner.

Seite 102

Maritain, Les Droits de l'Homme – Jacques Maritain (1882 bis 1973), katholischer Philosoph und Gesellschaftstheoretiker, seit 1940 im New Yorker Exil. Maritain plädierte für einen auf der christlichen Wertordnung gegründeten demokratischen Staat, dessen Regierende sich durch besondere moralische Integrität und Disziplin auszeichnen sollten. Die Industrie sei zu verstaatlichen. »Les droits de l'homme et la loi naturelle« erschien im Mai 1942 in New York, eine deutsche Übersetzung 1951 unter dem Titel »Die Menschenrechte und das natürliche Gesetz«. Die »Droits de l'homme« bildeten eine wichtige Grundlage bei der Formulierung der UN-Menschenrechtserklärung von 1948.

Gollancz, Our Threatened Values – Zu Victor Gollancz siehe Anmerkung zu Seite 45. »Our Threatened Values« erschien im Juli 1946. Es enthält einen Bericht über die Behandlung der Sudetendeutschen in der Tschechoslowakei. G. prangerte das Unrecht der Vertreibung an, die nach seinen Worten mit äußerster Brutalität durchgeführt wurde, und beschrieb den elenden Zustand deutscher Häftlinge in einem tschechischen Lager. Eine deutsche Übersetzung erschien 1947 unter dem Titel »Unser bedrohtes Erbe«.

Seite 103

Kardinal Graf von Galen – Siehe Anmerkung zu Seite 29.

»Rede des Kardinals in Rom« – Anlässlich seiner Erhebung in den Kardinalsstand hielt von Galen am 17. Februar 1946 eine Predigt in der deutschen Nationalkirche Roms, S. Maria dell'Anima. Ohne auf die von Deutschen begangenen Verbrechen einzugehen, protestierte er darin gegen die Kollektivschuldthese, den Umfang der Entnazifizierungsmaßnahmen, die Vertreibungen der Deutschen aus den Ostgebieten und das Zurückhalten der deutschen Kriegsgefangenen. Im März 1946 erschien daraufhin anonym und in hoher Auflage eine zwölfseitige Schrift mit dem Titel »Rede des Kardinals Graf v. Galen in Rom. Rechtsbewußtsein und Rechtsunsicherheit«, eine Fälschung, die von Galens Predigt in einen scharfen Angriff gegen die Nachkriegspolitik der Alliierten ummünzte.

Seite 104

Leute des Zwanzigsten Juli – Die CDU berief sich hinsichtlich ihrer moralischen Grundlagen auch auf den Widerstand gegen den Nationalsozialismus. Personell wurde diese Tradition insbesondere von überlebenden Gegnern des Nationalsozialismus aus dem Umfeld des Kreisauer Kreises und der Gruppe Goerdeler repräsentiert, unter anderem von Theodor Steltzer, Gründungsmitglied der Union in Berlin und erster Ministerpräsident von Schleswig-Holstein; Andreas Hermes und Jakob Kaiser, zwei Mitbegründern der CDU in

Berlin; Eugen Gerstenmaier, 1945 Mitinitiator des Evangelischen Hilfswerks und von 1954 bis 1969 Bundestagspräsident; Otto Heinrich von der Gablentz, dem Direktor der Deutschen Hochschule für Politik in Berlin, aus der das Otto-Suhr-Institut hervorging.

Goerdeler – Carl Friedrich Goerdeler (1884–1945), konservativer Politiker, Widerstandskämpfer. Bis 1931 Mitglied der Deutschnationalen Volkspartei (DNVP). 1930–1937 Oberbürgermeister von Leipzig. Nach 1933 kooperierte er zunächst mit den neuen Machthabern, wegen der NS-Kirchen- und Rassenpolitik sowie wegen der Außerkraftsetzung rechtsstaatlicher Grundsätze durch die Nationalsozialisten distanzierte er sich jedoch allmählich vom Regime. Rücktritt vom Bürgermeisteramt nach der Zerstörung des vor dem Neuen Gewandhaus stehenden Mendelssohn-Denkmals durch die Nationalsozialisten. Ab 1938/39 Aufbau einer Widerstandsgruppe aus konservativen Oppositionellen und Militärs, zugleich Entwicklung von autoritären, parlamentarismusfeindlichen Staatsordnungskonzepten für ein von Hitler befreites Deutschland. Seit dem 17. Juli 1944, vier Tage vor dem von G. abgelehnten Attentat auf Hitler, von der Gestapo per Haftbefehl gesucht, kurze Zeit später festgenommen und in Berlin-Plötzensee am 2. Februar 1945 hingerichtet. Nach den Vorstellungen seiner Widerstandsgruppe hätte G. nach einem geglückten Umsturz Reichskanzler werden sollen.

von Schleicher – Kurt von Schleicher (1882–1934), Militär und Politiker. 1914 Mitglied der Obersten Heeresleitung. Juni 1932 Ernennung zum Reichswehrminister im Kabinett Franz von Papen. Von Dezember 1932 bis Januar 1933 letzter Reichskanzler der Weimarer Republik (parteilos). Das Image eines »sozialen Generals« gründete sich auf die von der Regierung Schleicher verfolgte Politik des Ausgleichs mit

181

den Gewerkschaften und der Förderung von Arbeitsbe-
schaffungsmaßnahmen. Am 30. Juni 1934 im Zusammen-
hang mit dem so genannten Röhm-Putsch ermordet.

Oberbürgermeister von Herford – Friedrich Holzapfel (1900 bis
1969), Mitbegründer der CDU, evangelisch, vor 1933 in der
DNVP aktiv, danach Mitglied der Bekennenden Kirche, war
1945/46 Oberbürgermeister von Herford. 1946 Mitglied des
Nordrhein-Westfälischen Landtags, 1946–1950 stellvertretender Vorsitzender der CDU in der britischen Zone und 1950
bis 1952 der Bundespartei, 1949–1953 Mitglied des Bundestags.

Seite 107

Konrad Adenauer – (1876–1967), CDU-Politiker. 1906 Mitglied
des Zentrums. 1917–1933 Oberbürgermeister von Köln. 1945
Mitbegründer der CDU. Von den Amerikanern am 19. März
1945 als »Berater« und am 4. Mai 1945 als Oberbürgermeister in Köln eingesetzt, am 6. Oktober 1945 von der
britischen Besatzungsbehörde wegen Untätigkeit entlassen.
22. Januar 1946 erster Vorsitzender der CDU in der britischen Zone. Im März 1946 im Zonenbeirat. Juli 1946 CDU-
Fraktionsvorsitzender im Landtag von Nordrhein-Westfalen.
1948 Präsident des Parlamentarischen Rats, ab dem 15. September 1949 erster Bundeskanzler der Bundesrepublik
Deutschland (bis 1963).

Seite 108

gewisse folgenschwere Zusammenkünfte – Auf Einladung Fritz
Thyssens und anderer Großindustrieller sprach Hitler am
26. Januar 1932 im großen Ballsaal des Düsseldorfer Park-
Hotels vor dem Industrie-Club.

Leiter des Amtes für Landwirtschaft und Ernährung – Vermutlich Anspielung auf den früheren DNVP-Politiker Hans Schlange-Schöningen (1886–1960), 1924–1932 Reichstagsmitglied und 1926–1930 stellvertretender Vorsitzender der DNVP. Nach dem Parteiaustritt 1930 Anschluss an die Partei Deutsches Landvolk (DL). 1931/32 Minister ohne Geschäftsbereich im Kabinett Brüning und Reichskommissar für die Osthilfe. 1945 Mitbegründer der CDU Schleswig-Holstein, 1946/47 Leiter des in Hamburg ansässigen Zentralamts für Ernährung und Landwirtschaft in der britischen Zone, von Juli 1947 bis November 1949 Direktor der bizonalen Verwaltung für Ernährung und Landwirtschaft. 1950–1955 Generalkonsul, ab 1953 Botschafter der Bundesrepublik Deutschland in London.

Seite 109

Rauschning – Hermann Rauschning (1887–1982), Studium der Geschichte und der Germanistik. Kriegsfreiwilliger im Ersten Weltkrieg. Ab 1926 Gutsbesitzer in Danzig. 1931 Eintritt in die NSDAP, Vertreter eines vehementen Antisemitismus und des Führerkults. Im Mai 1933 Spitzenkandidat der NSDAP bei der Danziger Volkstagswahl und ab Juni Senatspräsident der Freien Stadt. Nach Differenzen mit dem Danziger Gauleiter 1934 von Hitler zum Rücktritt gezwungen. 1936 Emigration in die Schweiz, 1938 nach Frankreich. Verfasser von »Die Revolution des Nihilismus« (1938), einer Abrechnung mit dem Nationalsozialismus, und der inzwischen als Fälschung entlarvten »Gespräche mit Hitler« (1939). Vermutlich nach Ausbruch des Zweiten Weltkriegs Übersiedelung nach London, 1941 in die USA, wo er sich als Farmer niederließ.

Reinhold Wulle – siehe Anmerkung zu Seite 55.

Preußentum im Sinne Möllers ... – Artur Moeller van den Bruck (1876–1925), Kulturhistoriker, Schriftsteller. Führender Ideologe der Konservativen Revolution, 1919 gründete er mit Gesinnungsgenossen den »Juni-Klub«. Die Vertreter dieser rechtsintellektuellen Strömung lehnten den demokratischen Parlamentarismus westlicher Prägung genauso ab wie den Sozialismus. Diesen beherrschenden Ideologien der Zeit wollte M. einen spezifisch deutschen Sozialismus entgegensetzen, der sich durch eine ursprüngliche, harmonische Volksgemeinschaft auszeichnet. Im preußischen Staatsverständnis sah M. eine solche Volksgemeinschaft angelegt.

... und Spenglers – Oswald Spengler (1880–1936), Geschichtsphilosoph. Anhänger eines antidemokratischen, sozialdarwinistischen Weltbilds und wie Moeller van den Bruck einer der Vordenker der Konservativen Revolution. Sein in der Weimarer Zeit sehr populäres Hauptwerk »Der Untergang des Abendlandes. Umrisse einer Morphologie der Weltgeschichte« (2 Bände, 1918/1922) gründet auf der These einer Gesetzmäßigkeit geschichtlicher Entwicklungen im Zyklus von Aufstieg, Blüte und Verfall großer Mächte. 1919 erschien »Preußentum und Sozialismus«. Darin wendet sich Sp. zuvörderst gegen den Marxismus, aber auch gegen den »westlichen« Parlamentarismus und Liberalismus und fordert als dritten, spezifisch deutschen Weg die Rückbesinnung auf die »staatssozialistischen« Traditionen Preußens. Das Preußentum stehe in einem unüberbrückbaren Gegensatz zur westlichen Zivilisation, der im Gegensatz der Ideen »Freiheit, Gleichheit, Brüderlichkeit« zu den preußischen Ideen »Pflicht, Ordnung und Gerechtigkeit« ausgedrückt werden könne.

Seite 110

Friedrich – Friedrich II. (1712–1786), der Große, 1740–1782 König von Preußen.

184

Dr. Stricker – Fritz Stricker (1897–1949), Zentrumspolitiker. Parteimitglied seit 1919. 1926–1933 Verlagsdirektor und leitender Redakteur der »Münsterischen Morgenpost«. 1945 Mitbegründer der Deutschen Zentrumspartei, im gleichen Jahr Ernennung zum Generalreferenten für Verkehr und zum Pressechef der Provinzregierung Westfalens, 1946/47 Verkehrsminister in der ersten Nordrhein-Westfälischen Landesregierung (Kabinett Rudolf Amelunxen). Von Januar 1949 bis zu seinem Tod im Oktober Parteivorsitzender des Zentrums.

Seite 111

vested interests – (engl.) interessierte Kreise.

Seite 112

Spiecker – Carl Spiecker (1888–1953), Zentrumspolitiker. 1919 bis 1922 preußischer Staatskommissar für Oberschlesien. 1923–1925 Ministerialdirektor und Leiter der Presseabteilung der Reichsregierung, 1930/31 Sonderbeauftragter im Reichsinnenministerium zur Bekämpfung des Nationalsozialismus. 1933 Emigration nach Frankreich, 1940 Flucht nach Großbritannien, 1941 nach Kanada. Widerstand gegen das Dritte Reich als Herausgeber der nach Deutschland geschmuggelten »Freiheitsbriefe« und Betreiber des von England aus agierenden »Freiheitssenders«. 1945 Rückkehr nach Deutschland, Lizenzträger der »Rhein-Ruhr-Zeitung«. Ab 1946 führend am Wiederaufbau der im Jahr zuvor neu gegründeten Deutschen Zentrumspartei beteiligt, 1948/49 als Vorgänger Fritz Strickers für zwei Monate Parteivorsitzender. Bis Juni 1947 Mitglied des Landtags von Nordrhein-Westfalen, danach des Frankfurter Wirtschaftsrats und des Länderrats der Bizone. 1949 Wechsel zur CDU, Minister ohne Geschäftsbereich in der nordrhein-westfälischen Landesregierung. Später Vertreter Nordrhein-Westfalens im Bundesrat.

Walberberg – Ort bei Bonn. Das dortige Dominikanerkloster und die 1926 gegründete Albertus-Magnus-Akademie waren ein Zentrum der katholischen Soziallehre und Sozialforschung. Die frühesten Programmentwürfe der CDU, die »Kölner Leitsätze« vom Juli 1945, sind von den staatstheoretischen und gesellschaftskritischen Studien der Dominikanerpatres beeinflusst worden.

Seite 114

Reservatio mentalis – (lat.) unausgesprochener Vorbehalt.

Rheinische Volkspartei – Gegründet am 1. März 1946 als Zusammenschluss verschiedener separatistischer Vorläuferparteien in der britischen Zone. Ziel war in Anknüpfung an die rheinische Autonomiebewegung der frühen zwanziger Jahre die Eigenstaatlichkeit des Rheinlands. Die Hochburgen lagen im Raum Aachen und Euskirchen. Mandate konnte die Partei bei Landtags- und Bundestagswahlen nicht erringen. Anfang 1949 Umbenennung in Rheinisch-Westfälische Volkspartei (RWVP).

Radikalsozialistische Partei – Gemeint ist vermutlich die am 27. Januar 1946 für die britische Zone gegründete Radikal-Soziale Freiheitspartei (RSF) oder die darin aufgegangene Radikal-Sozialistische Freiheitspartei aus Bottrop. Die Anhänger der RSF vertraten die so genannte »Freiwirtschaft«, das heißt Vergesellschaftung des Bodens und ununterbrochene Zirkulation des Geldes ohne Zinsertrag. Im September 1950 schloss sich die RSF mit anderen freiwirtschaftlichen Gruppen zur Freisozialen Union (FSU) zusammen.

Freiwirtschaftliche Vereinigung – Gemeint ist vermutlich der neu gegründete Freiwirtschaftsbund (FWB). Eine Partei dieses Namens war schon in der Weimarer Republik aktiv. Im Unterschied zur Radikal-Sozialen Freiheitspartei fanden sich im FWB jene zusammen, die das Freiwirtschaftskonzept (siehe vorige Anmerkung) in einer überparteilichen Interessenvertretung gefördert wissen wollten.

Seite 118

»landslides« – (engl.) erdrutschartige Mehrheitswechsel.

Seite 119

Duodez-Republik – kleines Staatsgebilde, dem keine Wichtigkeit beigemessen wird.

Seite 121

der Führer der Freien Demokraten – Vorsitzender des FDP-Landesverbands Westfalen war Gustav Altenhain. Den Landesverband Rheinland führte Friedrich Middelhauve, der auch nach der Gründung des gemeinsamen Landesverbands Nordrhein-Westfalen im Mai 1947 den Vorsitz übernahm. Posener hat vermutlich mit Letzterem gesprochen.

Henßler – Fritz Henßler (1886–1953), SPD-Politiker, Buchdrucker. 1911–1933 Redakteur sozialdemokratischer Zeitungen. 1920 Vorsitzender des SPD-Bezirks Westliches Westfalen, 1924–1933 Stadtverordneter in Dortmund, 1930–1933 Mitglied des Reichstags. 1936 Festnahme durch die Gestapo, 1937 zu einem Jahr Gefängnis verurteilt, danach bis 1945 im KZ Sachsenhausen inhaftiert. August 1945 erneut Vorsitzender des SPD-Bezirks Westliches Westfalen, 1946 Abgeordneter im Zonenbeirat und Mitglied des SPD-Parteivorstands in der britischen Zone. 1946–1953 Oberbürgermeister von Dortmund, Mitglied des Landtags von Nordrhein-Westfalen (Vorsitzender der SPD-Landtagsfraktion), 1949–1953 Mitglied des Bundestags.

Seite 122

Mußt ich nicht ... – Worte des Faust aus »Faust. Der Tragödie zweiter Teil«, 1. Akt (Finstere Galerie).

Seite 123

»Hirsch-Dunckersche« Gewerkschaften – Die Hirsch-Duncker'schen Gewerkvereine wurden 1868 in Berlin von dem liberalen Sozialpolitiker Max Hirsch (1832–1905) und dem liberalen Publizisten und Abgeordneten Franz Duncker (1822–1888) ins Leben gerufen. Im Unterschied zu den sozialistischen Gewerkschaften gründeten die Gewerkvereine auf dem Gedanken, dass Arbeiter und Unternehmer durch gemeinsame Interessen verbunden seien. 1933 wurden sie in der Deutschen Arbeitsfront gleichgeschaltet. Zu diesem Zeitpunkt zählten sie etwa 100 000 Mitglieder.

Revolutionäre Gewerkschaftsopposition – (RGO). Von der KPD seit 1929/30 betriebene Abspaltung vom Allgemeinen Deutschen Gewerkschaftsbund (ADGB). Unter der Parole »Heraus aus den Gewerkschaften« wurden unter anderem ein »Roter Metallarbeiterverband« (November 1930) und ein »Roter Bergarbeiterverband« (Januar 1931) gegründet. Die Absicht, den schwindenden Einfluss der Kommunisten in der sozialdemokratisch dominierten Gewerkschaftsbewegung zu kompensieren, erfüllte sich nur örtlich begrenzt (Ruhrgebiet) und bisweilen nur um den Preis der Kooperation mit nationalsozialistischen Aktionsgruppen.

temporisieren – sich den Zeitumständen fügen.

Seite 124

Deutschnationaler Handlungsgehilfenverband – (DHV). Berufsverband der Angestellten, der 1893 in Hamburg als Gegengewicht gegen die sozialdemokratische Agitation unter den

Handlungsgehilfen gegründet wurde. Politisch nahm der DHV eine reaktionäre, nationalistische und antisemitische Haltung ein, die ihn in die Nähe des Alldeutschen Verbands brachte. Nach dem Ersten Weltkrieg entwickelte sich der Verband mit über 400 000 Mitgliedern (1932) zur führenden deutschen Angestelltengewerkschaft und zur stärksten Kraft im Lager der bürgerlichen Gewerkschaften. 1933 wurde der DHV trotz seiner Unterstützung der NSDAP in die Deutsche Arbeitsfront überführt.

Seite 125

Koalitionskabinett – Das von Winston Churchill bis zum Mai 1945 geführte britische »Kriegskabinett« (War Cabinet) aus Konservativen (Tories) und Labour-Politikern.

Seite 126

Arbiter – (lat.) Schiedsrichter.

Böckler – siehe Anmerkung zu S. 97.

Böhm – Hans Böhm (1890–1957), SPD-Politiker und Gewerkschafter. Seit 1911 Mitglied der SPD, ab 1913 Gewerkschaftstätigkeit im Deutschen Metallarbeiterverband (DMV). 1926 Betriebsratsvorsitzender der Essener Krupp AG. Im November 1932 für die SPD in den Rat der Stadt Bielefeld gewählt. Anfang Mai 1933 von den Nationalsozialisten entlassen. Nach Kriegsende zentrale Rolle beim Wiederaufbau der Gewerkschaften in Westfalen. Auf der ersten Gewerkschaftskonferenz der britischen Zone vom 12. bis 14. März 1946 in Hannover-Linden in den vorläufigen Zonenvorstand der Gewerkschaft der britischen Zone delegiert. Vorsitzender des »Industrieverbandes Öffentliche Dienste, Transport und Verkehr« in Westfalen. Auf dem Gründungskongress des Deutschen Gewerkschaftsbunds (britische Zone) Ende April

1947 in Bielefeld in den Bundesvorstand gewählt. 1949–1957 Mitglied des Bundestags.

Meier – vermutlich Heinrich Meier (geb. 1896). 1926–1933 Gewerkschaftssekretär des Allgemeinen Deutschen Gewerkschaftsbunds (ADGB) für den Bezirk Rheinland-Westfalen-Lippe. 1941–1945 kaufmännischer Angestellter bei den Deutschen Röhrenwerken, Düsseldorf. 1946 Leiter des Landesjugendamts Rheinprovinz.

»Charter« – (engl.) Freibrief, Lizenz.

Lawther – William Lawther (1889–1976), britischer Gewerkschafter. 1929 Abgeordneter der Labour Party im britischen Unterhaus. 1935–1954 Mitglied des Trade Unions Congress (TUC) und Vorsitzender der britischen Bergarbeitergewerkschaft. Nach dem Zweiten Weltkrieg mehrfach in Deutschland, um beim Wiederaufbau der deutschen Gewerkschaften zu beraten.

Tanner – Jack Tanner (1889–1965), britischer Gewerkschafter. 1939–1954 Vorsitzender der britischen Technikergewerkschaft Amalgamated Engineering Union (AEU), 1953/54 Präsident des Trade Unions Congress (TUC).

Bullock – Herbert L. Bullock (1885–1967), britischer Gewerkschafter. 1929–1935 im Führungsgremium der National Union of General and Municipal Workers, 1949/50 Präsident des Trade Unions Congress (TUC).

Seite 132

»Limitations« – (engl.) Beschränkungen.

Seite 138

Mess-Waitress – (engl.) Kantinenkellnerin.

190

Seite 141

Property Controller – Beauftragter der alliierten Militärverwaltung mit der Aufgabe, den in der NS-Zeit durch Nötigung und Enteignung in fremde Hände gelangten Besitz den ursprünglichen Besitzern zurückzuerstatten, den nach Kriegsende enteigneten Besitz der NSDAP und ihrer angeschlossenen Organisationen zu verwalten sowie jene Wirtschaftskartelle zu entflechten, die sich unter dem NS-Regime mit dem Ziel einer effizienten Kriegswirtschaft gebildet hatten.

auf einem »quadripartite level« – auf Viermächteebene.

Seite 143

Anglo-Amerikanische Kommission – siehe Anmerkung zu S. 50.

Seite 144

Hachscharah – (hebr.) »Tauglichmachung«, womit die organisierte Vorbereitung junger Menschen auf eine Übersiedelung nach Palästina/Israel gemeint ist. In Deutschland unterhielt die zionistische Bewegung in den dreißiger Jahren etwa 40 Lehrstätten auf dem Land, wo auswanderungswillige junge Juden eine gärtnerische, landwirtschaftliche, handwerkliche oder hauswirtschaftliche Ausbildung erhielten und gleichzeitig in jüdischer Kultur und hebräischer Sprache unterrichtet wurden, um für ein Leben im Kibbuz gerüstet zu sein.

Jewish Relief Units – Jüdische Freiwilligenverbände des Central British Fund, der zentralen anglo-jüdischen Hilfsorganisation. Die J.R.U. kümmerten sich seit Juni 1945 in Deutschland um die Bedürfnisse der in Lagern lebenden Juden. In der britischen Zone befanden sich Mitte Juni 1946 etwa 12 300 Juden in 45 Lagern, 11 000 davon in der Region Hannover. Das Hauptquartier der J.R.U.. war zunächst Celle, in der zweiten Jahreshälfte 1945 wurde es in die Nähe von Herford verlegt. Im Sommer 1950 stellten die J.R.U. ihre Tätigkeit ein.

Joint – Kurzform für American Jewish Joint Distribution Comittee (AJDC), eine 1914 gegründete jüdische Hilfsorganisation. Bis zur Besetzung Frankreichs leitete das Pariser Büro zentral die Hilfsaktionen, mit denen Juden die Flucht aus Deutschland ermöglicht wurde. In den Kriegsjahren brachte das AJDC fast 80 Millionen Dollar auf, um Juden zu retten und finanziell zu unterstützen. Nach 1945 versorgte die Organisation Zehntausende von Juden in Europa mit Nahrung und Kleidung.

Seite 145

Adler-Rudel – Salomon (Schalom) Adler-Rudel (1894–1975), 1919–1930 Direktor der Wohlfahrtsorganisation der Ost-Juden in Berlin, 1930–1934 Direktor der Berliner Jüdischen Abteilung für produktive Wohlfahrt. 1936 Emigration nach England, Vorstandsmitglied des Council for German Jewry, Vizepräsident der Zionist Federation of Great Britain und der Association of Jewish Refugees in Great Britain, bis 1945 Beamter im Londoner Central British Fund. Organisierte Aktionen zur Rettung von Juden aus Europa. 1949 Emigration nach Israel und bis zu seinem Tod Vorstandsmitglied des Leo-Baeck-Instituts in Jerusalem.

Schlichim – (hebr.) Abgesandte. Repräsentanten des Jishuv oder jüdischer Gemeinden in der Diaspora, die potenzielle jüdische Immigranten anwerben und auf ihr neues Leben in ihrem zukünftigen Heimatland vorbereiten.

Nachwort

Hinter jeder Geschichte tun sich andere Geschichten auf. Hinter diesem Buch steht die Geschichte dreier Brüder aus Berlin: Karl, Ludwig und Julius Posener. Hineingeboren in die Sicherheit und Zuversicht einer großbürgerlichen jüdischen Familie im wilhelminischen Deutschland, wurden sie von den Stürmen des 20. Jahrhunderts durch die Welt gewirbelt. Karl, der älteste, starb 1946 im australischen Exil; der jüngste, mein Vater Julius, tat damals als britischer Offizier im besiegten Deutschland Dienst und Ludwig, der mittlere, arbeitete als Lehrer in Palästina. »In Deutschland«, das 1947 in wenigen hektografierten Exemplaren in Jerusalem erschien, während das britische Mandat in den Wirren eines bis heute nicht beendeten Krieges unterging, ist nicht einfach ein Erfahrungsbericht. Es ist eine Rechtfertigungsschrift, ein Versuch, das Engagement eines deutschen Juden und »Palästinensers« für Deutschland und die Deutschen zu erklären; ein Versuch, den Wunsch zu begründen, weiterhin in der Fremde und für Fremde zu wirken, was auch hieß: die belagerten Juden in Palästina, Familie und Freunde dort hintanzustellen. Der Rechtfertigungsversuch galt vor allem dem bewunderten Bruder Ludwig, dem Zionisten und Moralisten; aber auch dem Schatten des unglücklichen Bruders Karl.

Auf wie wenig Verständnis dabei zu rechnen war, geht aus einem Brief hervor, den Ludwig am 10. April 1947 an meinen Vater schreibt, der nach der Entlassung aus der britischen Armee in Haifa sitzt, seine Zeit im Büro des Architekten Max Loeb vertrödelt, in der Freizeit den vorliegenden Bericht verfasst und einen Brief nach dem anderen nach Europa schickt, in dem er vergeblich seine Dienste beim Wiederaufbau Deutschlands anbietet. »Ich spreche jetzt *nicht* von dem Massenmord«, schreibt Ludwig, »sondern *nur* vom Jahre 1933. Damals fühlte ich, dass ein Mann von empfindlichem Ehrgefühl auf lange Zeit (jedenfalls für seine Lebenszeit) nichts mehr mit diesem Land als *politischem Gebilde* zu tun haben kann. Natürlich war alles, was inzwischen geschehen ist, nicht imstande, dieses Gefühl abzuschwächen, auch die unmenschlichen Leiden nicht, die über das deutsche Volk hereinbrachen. (...) Übrigens ist bei mir kein Hass zurückgeblieben (...), aber jedenfalls das klare Bewusstsein, dass ›deren‹ Sache niemals mehr die unsere sein kann; dass kein beschnittener oder unbeschnittener Jude gut daran täte, sich dort zu betätigen.«

Auch Karl hatte – so erzählte es mein Vater jedenfalls immer (ich habe keine Briefe von ihm gefunden) – beim letzten Treffen 1939 das Land seiner Geburt verflucht, wenn er auch bis zu seinem Tod ein erbitterter Antizionist blieb. Als Arzt am städtischen Krankenhaus des Berliner Arbeiterbezirks Moabit war er von den Nazis aus seiner Stellung gejagt worden. Da nutzte es ihm auch nichts, dass er sich anno 1915 als 17-Jähriger freiwillig gemeldet hatte, um dem Vaterland im Weltringen mit dem Erzfeind Frankreich und dem perfiden Albion zu dienen. Zu Karls Erziehung vor Verdun gehörte, dass er als Jude trotz Eignung nicht zum Offizier befördert wurde. Am 12.

November 1918 kehrte er aus dem Krieg heim in die elterliche Villa. Vierzig Jahre später erinnerte sich mein Vater: »Er pulte sich aus der klebrigen Uniform, die er seit drei Tagen und Nächten getragen hatte, und ließ sich in ein heißes Bad sinken. Ich saß daneben, und wir unterhielten uns. Mehr als alles andere wollte ich wissen, ob unsere ruhmreiche Armee wirklich im Feld geschlagen worden war. ›Und ob‹, antwortete Karl, ›und am gründlichsten haben uns die Franzosen geschlagen.‹ Das konnte ich nur schwer verdauen. Es widersprach meinem Glauben.«

Das Wort Glaube ist gut gewählt, denn die Familie Oppenheim, in die mein Großvater Moritz Posener eingeheiratet hatte, empfand durch und durch deutsch-national. Deshalb waren sie ja alle nach Berlin-Lichterfelde gezogen, wo die Kadettenanstalt stand und viele Offiziere wohnten, und nicht, wie so viele andere wohlhabende Juden, nach Wilmersdorf oder Zehlendorf. Das Vertrauen in die zivilisatorische Mission Deutschlands und die Liebe zur deutschen Kultur hatte längst die Frömmigkeit der Vorväter ersetzt. Man war allenfalls »Trotzjude« und wählte nur deshalb deutsch-demokratisch, weil die Liberalen nicht so antisemitisch waren wie die Nationalen; ansonsten pflegte man seine eigene Art des Antisemitismus in Form einer vornehmen Apartheid gegenüber den Ostjuden und den neureichen Juden vom Kurfürstendamm. Wenn jemand zu Neujahr den Trinkspruch ausbrachte, »Nächstes Jahr in Jerusalem!«, so brummte Onkel Paul, der Patriarch, entschieden: »Ohne mich!« Wer einen der in Mode gekommenen jüdischen Ausdrücke wie »nebbich« oder »Chuzpe« verwendete, musste einen Strafgroschen zahlen, und die unter den Zionisten übliche Grußformel »Schalom« verspottete man gern: »Schalomwidebomm!« Als Ludwig 1920 kurz vor dem Abitur dem zionistischen Verband »Blau-Weiß« beitrat, war das für die Eltern ein großer Schock; für die Brüder nicht minder.

Es lag in diesem Entschluss zweifellos ein Element jugendlicher, antiautoritärer und antibürgerlicher Rebellion, die dem Wandervogel-Zeitgeist entsprach. Vor allem aber entsprang er der Verzweiflung über die Lüge, die seiner Meinung nach die Eltern lebten: deutsch und konservativ zu empfinden, ganz und gar assimiliert zu leben und dennoch angesichts der steigenden Flut des Antisemitismus »jüdisch« zu wählen, der Gemeinde die Treue zu halten, einen merkwürdigen Stolz zu pflegen auf eine Herkunft, deren Gegenwart ihnen selbst peinlich war. Um diesem Leben im Falschen zu entgehen, um wieder uneingeschränkt Homo politicus zu werden, aktives Mitglied einer Gemeinschaft, Gleicher unter Gleichen, bleibe einem Juden nichts anderes übrig, als Zionist zu werden und nach Palästina zu gehen. Dass dies eines Tages eine Frage von Leben und Tod sein würde, konnte natürlich auch Ludwig nicht ahnen. Seine Überzeugungen blieben zunächst ohne praktische Folgen. Er studierte Mathematik und Physik in Heidelberg, wurde Referendar in Brandenburg und wäre wohl loyaler Gymnasiallehrer in preußischen Diensten geworden, hätte man ihn nur gelassen. Die Deutschen handelten für ihn, und so gründete er im schwedischen Exil das Internat Västraby, in dem jüdische Jugendliche für die Aliyah, die Auswanderung nach Zion, vorbereitet wurden, und folgte seinen Zöglingen bald nach.

In einem Brief an Ludwig vom 2. Mai 1947 nimmt mein Vater Bezug auf den abstrakten – er nennt es den dogmatischen – Charakter eines so begründeten Zionismus:

»Ich kann mir kaum denken, dass du gefühlsmäßig ein Jude sein solltest, und glaube vielmehr, dass wir in dieser Hinsicht nicht weit voneinander sind. Wo man sich trennt, das sind die Folgerungen, die man aus Erkenntnissen, aus ethischen und ästhetischen Erwägungen zieht; und da möchte es vielleicht bei dir darauf hinaus laufen, dass du meinst, man *müsse* als Jude leben. Das wäre ein gutes, kühles Dogma (...) Das zeigt freilich, um welche Art von Forderung es sich da handelt. Ich habe sie einmal angenommen, und da ich dogmatischer bin als du, habe ich sie sogar bedingungsloser angenommen, um dann durch dies und das und jenes bewogen am Ende zu meinen, das sei etwas vorschnell und unerfahren von mir gewesen.«

Der Bericht aus Deutschland dokumentiert denn auch »dies und das und jenes« – den schmerzlichen Abschied vom Zionismus. Der alte Jude aus Solingen, Überlebender aus Theresienstadt, der sich um das Schicksal des anständigen Gestapo-Manns sorgt: Nicht zufällig endet der Bericht mit seiner Geschichte. Seine Haltung, die »den meisten unter meinen Lesern« empörend erscheinen musste, wollte sich der Autor zum Vorbild nehmen.

Allerdings verschweigt der Bericht auch dies und das und jenes. Denn die Ablösung vom »kühlen Dogma« hatte lange vor dem Aufenthalt in Deutschland begonnen.

Als Schüler war mein Vater aus Loyalität zum bewunderten älteren Bruder ebenfalls Mitglied im »Blau-Weiß« geworden, jedoch ohne rechte Begeisterung:

»Von allen Blau-Weiß-Jungs hatte ich wahrscheinlich die negativste Einstellung«, schrieb er später. »Den Zionismus als solchen fand ich ganz und gar nicht anziehend. In der Wüste zu leben, unter Palmen und Kamelen, das kam mir vor wie eine Einladung ins Exil. (...) Schließlich, und das war vermutlich das Entscheidende, gefielen mir die anderen Jungen nicht. (...) Dieses Missfallen war ganz spezifisch ausgeprägt, war, um es genau zu sagen, antisemitisch. Nun ist der jüdische Antisemitismus nichts Besonderes, er ist sogar die Regel. Bei mir prägte er meine ganze Erfahrung. Da wir in Lichterfelde wohnten, trafen wir fast gar keine Juden außerhalb unserer Familie. Und wir waren ja keine Juden (...) Bei den wenigen großen Familientreffen, wo ich einer größeren Ansammlung älterer jüdischer Herrschaften begegnete, fühlte ich mich ausgesprochen fremd, verloren und abgestoßen. (...) Jetzt fand ich mich zusammen mit Jungen, deren Lippen zu dick und zu feucht, deren Manieren grob, die überhaupt arrogant, laut und mir entschieden unangenehm waren. Mich mit ihnen abzugeben, konnte ich bestenfalls als lästige Pflicht akzeptieren, und jeder Sonntag im Blau-Weiß warf mich nur umso entschiedener auf mein blondes Ideal zurück.« Es ist die alte Geschichte vom jüdischen Selbsthass und von der vergeblichen Liebe zu den Deutschen; nicht lösbar, nicht sehr angenehm zu lesen, erheblich unangenehmer zu leben.

Eine Zeit lang scheint Frankreich nicht nur ein Exil, sondern auch eine Lösung zu bieten: ein Leben zwischen den Stühlen. In Paris ist der Fremde zunächst »boche«, nicht »juif«. Damit ist es 1935 vorbei. Als Reaktion auf die Repression in Deutschland wächst auch in Frankreich die antisemitische Stimmung, die der Emigrant Julius Posener, inzwischen Redaktionssekretär der Architekturzeitschrift »L'Architecture d'Aujourd'hui«, als Neid und Missgunst, aber auch ganz prosaisch in Form von Schikanen erlebt, die man ihm wegen seiner Papiere macht. So greift er eine Einladung des Architekten Erich Mendelsohn auf, den er als Student in Berlin kennen gelernt hat, und fährt nach Jerusalem. Er soll dem Erbauer des Einstein-Turms helfen, eine »Mittelmeer-Akademie« aufzubauen, eine Art Bauhaus des Orients.

An die Mutter in Berlin schreibt er am 28. Februar: »Palästina ist für mich eine unausweichliche Notwendigkeit, vom egoistischen Standpunkt aus, weil ich nicht ewig der leise tretende kleine Mann sein will, der sich wegen seines Daseins entschuldigen muss und auch noch etwas mehr: Ich empfinde (...) für alle Juden und mit allen Juden und wünsche, dass sie sich alle zusammentäten und ja sagten zu ihrem Volk und nein zu dem Schicksal, das immer wieder versucht, Geduckte und Geduldete aus diesem Volk zu machen. (...) Ich kann mir nicht denken, dass ich diesen Zustand etwa einem Kind weitervererben sollte, damit es wieder liebt, wo es gehasst wird, und wirkt, wo man es ungern duldet. (...) Das ist der ganze Umfang meiner Gefühle für Palästina. Nicht mehr. Nichts, in der Tat, von Heimatland; und noch nicht sehr viel von Heimatvolk. Keine Sehnsucht nach dortigen Traditionen meiner Urväter; eher sogar eine leichte gêne, wie vor einem Kostüm, das man mir beim Betreten dieses Landes anbieten wird und das ich abzulehnen haben werde (...) Es scheint mir ganz gewiss, dass man mit diesem Gefühl ein sehr nützliches Mitglied des jüdischen Volkes sein kann, und sogar ein glückliches. Denn du musst nicht unterschätzen, dass diese beschränkten zionistischen Gefühle bei mir in einer Heftigkeit vorhanden sind, die es ausschließt, dass ich jemals woanders als im Lande der Juden versuche, glücklich zu sein; ich bin zu sehr überzeugt von der Illusion eines solchen Glückes.«

Tapfere Worte, denen der tapfere Versuch folgt, im Gelobten Land nicht nur beruflich Fuß zu fassen, son-

dern vor allem auch etwas von Heimatland und Heimatvolk zu empfinden. Doch schon ein Jahr später heißt es in
einem Brief an die Freundin Ursula Phillip in London:

»Jedes Dorf in diesem Land hat einen Namen, den
man in vor dreitausend Jahren abgefassten jüdischen
Schriften findet, und dieses Land ist Feindesland wie nur
irgendein Land auf der Erde, voll von einer Gehässigkeit
gegen den Eindringling, gegen die es (...) kein Argument
gibt.«

Wie ein verzerrtes Echo der unglücklichen, unerwider-
ten Liebe zum »blonden Ideal« wirkt die Beschreibung
der Menschen in einem arabischen Dorf: »Juchzen von
Kindern, Hin- und Herrennen kleiner Gestalten in rosa
und hellblauen Hemden; die Großen sitzen nachdenklich
am Wegrand. Sie haben braune Gesichter – die Kinder
sind oft blond –, und in ihrer Tracht erfreuen dich die
braunen und schwarzen Umhänge, die Schmuckmünzen
und die blauen Glasperlen. Die Menschen sind oft schön,
und wenn ein Bauer hinter seinem Pfluge geht, so weiß
man nicht, wo man jemals ein ähnliches Bild menschli-
cher Würde gesehen hat.«

Die Illusion der Freiheit unter seinesgleichen verwandelt sich in ein Gefühl des Eingeschlossenseins, »Stirn an
Stirn mit einer Sache, die unsereiner nicht mehr kannte:
dem Judentum«. Die Begegnung ist, wie bei den früheren
Familientreffen oder bei den Ausflügen mit »Blau-Weiß«,
verstörend. Nicht so sehr bei den jemenitischen Juden,
»die in ihrer Schönheit den Arabern gleichen« oder den
altorientalischen Juden. Sie sind zu fremd, um Ressenti-
ments zu provozieren. Anders verhält es sich aber bei den
»näheren Nachbarn« aus Osteuropa: »Da sind zunächst
die Frommen von der Klagemauer: Chassidim mit Pelz-
mützen, Seidenmänteln und gedrehten Schläfenlocken;

Jünglinge oder auch Kinder mit Käppchen oder schwarzen, breitkrempigen Hüten, mit bleichen Gesichtern und rotem oder aschblondem Haar. (...) Sie sind schmalschultrig, haben dürre Beine und schaukelnden Gang, und ihre Augen blicken nach innen. Dann gibt es Männer mit buschigen Augenbrauen, schwarzen Bärten, schwarzem Hut und Mantel (...) Wir lernen (von all denen unter uns, die ehrfürchtig den heiligen Osten betrachten, weil ihre Väter davor ausgespuckt haben), dass dies ein Geschlecht von Helden, Ekstatikern und Gelehrten ist, was da, im Gestank und Gewirr der Altstadt, vor uns herschwankt. Ich will es glauben. (...) Aber meine erste Reaktion ist Ekel.« Es ist der Ekel des assimilierten Berliner Juden aus der Vorstadt gegen den Dreck und Gestank des Scheunenviertels. Es ist der unwillkürliche Reflex des emanzipierten Juden, dessen Vorfahren dem Shtetl und dem Ghetto entflohen, gegen die Wiederkehr von Ghetto und Shtetl. Es ist die existenzielle Angst des modernen Menschen, im Namen der »Kultur« vom Mittelalter eingenommen zu werden.

Hinzu kommt der Klassendünkel des Bourgeois und Intellektuellen gegen »eine andere Klasse von östlichen Juden: die Handwerker, Arbeiter, kleinen Ladenbesitzer. (...) Ihre Grobheit zeigt sich besonders in der Form ihrer Münder. Ich habe noch nirgends in der Welt so viele völlig unmenschliche Münder gesehen. Das sind keine Lippen: das sind dicke Wülste oder Striche, ungeformt, meist mit einem Ausdruck offenstehend, der andeutet, sie haben alle Probleme gelöst (vermittels der jiddischen oder der brutalen neuhebräischen Sprache). (...) Wenn mir die Frommen Schauder einjagen, so sind mir diese Burschen schlichtweg unangenehm und ich habe Lust, ihnen stundenlang in die Fresse zu hauen.«

Es ist nicht leicht, diese Briefstellen zu lesen, und ich habe lange gezögert, sie wiederzugeben. Ich kann diese Gefühle nicht billigen, meine Missbilligung ist aber wohlfeil, da ich der Situation nicht ausgesetzt bin, die sie hervorbrachte. Handelte es sich allerdings um die Beobachtungen eines SS-Mannes aus dem Ghetto von Lodz, man würde sie wohl als Beleg für einen eliminatorischen Antisemitismus zitieren. Was sie ganz entschieden von jeder Herrenmensch-Attitüde unterscheidet, ist zunächst die Fähigkeit zur Selbstkritik; man begreift, dass der aggressive Ekel viel mit Selbstekel zu tun hat:

»Und dann kommen wir selbst: Die guten, alten, deutschen Juden. Man sieht sie (...) aufmerksam an, und man entdeckt: ihre (nein, unsere) Münder sind nicht viel weniger chuzpedick, unsere Gesichter nicht weniger klumpig, unser Ausdruck nicht weniger grob-beschränkt. Wir sind ganz langweilig. (...) Was durch unsere Hände geht, entbehrt des großen Schwunges, des Wahnsinns, der harten Schönheit, der letzten Poesie. Ich sehe mich in dem Spiegel und habe keinen Grund, mich von dieser Gesellschaft auszunehmen. Aber das hindert nicht, dass meine Gefühle in Erez Israel ebenso zentrifugal bleiben, wie sie in der Zerstreuung waren. Ich strebe mit all dem in mir, was ich als mein Bestes anzusehen gewöhnt bin, fort von dieser Gemeinschaft.«

Es sind dies wohl die »ästhetischen Erwägungen«, die seinen idealistischen Zionismus erschüttern. »Ach, Paris! Ach, Probleme der zeitgenössischen Architektur! (...) Ach, Kommunismus, Anarchismus! Ach, Musik, romanischer Kirchenbau in Südfrankreich, Naumburger Domfiguren und ›Wesen der deutschen Plastik‹! Ach, Gras und Gärten in England (...)! Shakespeare (...), Nationalismus, Paddelboot und Turnverein (...)« (ausgelassen sind hier nur private Bezüge und Personennamen). »Was ist davon übrig geblieben? In welchen Müllkasten wird das alles versenkt, mit einem Deckel aus ›jüdischen Dingen‹ darüber? Und es hilft alles nichts: das ist alles entwertet, entfernt, verblasst (...)«

Allen zentrifugalen Gefühlen zum Trotz bleibt der junge Mann, der nach London hinüber sein Leid klagt (er ist 20 Jahre jünger, als ich jetzt bin), noch fünf Jahre im Land und arbeitet als Architekt für die Sache des Zionismus. Nicht deshalb, weil das Eintrittsbillett zur europäischen Zivilisation mit dem Kauf der Fahrkarte nach Palästina zerrissen und im Müllkasten gelandet wäre. Karl, seinem vehementen Antizionismus treu, ging ja via England lieber nach Australien, als dass er das »Nächstes Jahr in Jerusalem!« wahr gemacht hätte. Erich Mendelsohn zog es fort nach Amerika. Andere, tragischere Gestalten kehrten nach Deutschland zurück. Möglichkeiten des Entkommens hätte es für den Sohn aus wohlhabendem Hause gegeben. Aber wie es im Brief an Ursula Phillip heißt: »Vorläufig betrachte ich, trotz allem, was ich gesagt habe, die Gründe, die mich hergeführt haben, noch als gültig, und richte mich danach.«

So ist der Entschluss, sich 1941 freiwillig zur britischen Armee zu melden (übrigens nicht zu einer jüdischen Einheit), keineswegs, wie es auf den ersten Blick erscheinen mag, Flucht vor Palästina und dem Judentum, sondern Ausdruck des gleichen, eher prinzipiell als gefühlsmäßig motivierten Zionismus, der ihn nach Palästina geführt hat, jenes »kühlen Dogmas«, das ihm vorschreibt, »als Jude zu leben«, weil man die Juden nicht einfach als Bürger leben lässt, ja 1941 überhaupt nicht leben lässt. Hitlers Armeen haben Europa überrollt, Rommel marschiert auf

Ägypten und Palästina, und nicht wenige Araber freuen sich gar nicht so klammheimlich auf eine Endlösung der Judenfrage auch dort. Als gegen Ende des Krieges Ludwig dem zum Captain bei den Royal Engineers avancierten Bruder einen der ersten Berichte über den Völkermord in Osteuropa schickt, verbunden mit der bitteren Bemerkung: »Wenn du das gelesen hast, kannst du wieder Zionist werden!«, kommt die Antwort postwendend: »Ach, lieber Freund! Glaubst du wirklich, ich wüsste nicht, was geschieht? Oder ich glaubte es nicht? Oder ich brächte kein Gefühl dafür auf? Schließlich habe ich mich doch [der britischen Armee] für die Dauer der Feindseligkeiten zur Verfügung gestellt. Ich hielt das, wie du weißt, für die notwendige zionistische Entscheidung, und meine ersten großen Zweifel kamen mir, als ich sah, dass diese Ansicht nicht von den Vielen geteilt wurde.« Das war am 22. März 1945. Wenige Tage später überquert er »als erster Palästinenser«, wie er stolz vermerkt, den Rhein und ist wieder in Deutschland.

Über das Buch und seine Wirkung schrieb mir der israelische Soziologe und Friedensaktivist Yohanan Peres kürzlich einen Brief. Als das Buch erschien, war Peres 15 Jahre alt. Er wurde als Peter Posener in Berlin geboren und ist Ludwigs Sohn – mein Cousin. »Das Heft war die Zusammenfassung vieler Briefe, die Julius seinen Verwandten und Freunden geschrieben hatte. Die Empfänger waren ziemlich skeptisch. Nicht nur wegen seiner Ansichten, sondern überhaupt wegen seines Aufenthalts dort. (...) Man betrachtete ihn als ›einen von uns‹, der nicht denkt, schreibt, handelt wie einer von uns. Und du weißt, was das in den vierziger und fünfziger Jahren bedeutete. Julius glaubte, dass seine Bildung, seine Funktion im Militär und seine persönliche Philosophie ihm eine

Mission auftrugen. (...) Das Heft, das unter dem Namen ›Julius‹, ohne Familiennamen, unter seinen Freunden zirkulierte, sollte die Leser aufklären, aber auch für etwas plädieren, das ich heute die Berechtigung einer doppelten oder sogar dreifachen Identität nennen würde. (...) Natürlich hat das Buch nicht dazu geführt, dass auch nur ein Israeli aufstand und sich gegen den gesamten Stamm stellte. Und doch haben sich nach und nach die Ansichten vieler israelischer Intellektueller gewandelt, so dass sie heute den damaligen Überzeugungen von Julius sehr viel näher stehen. Bei diesem Wandlungsprozess spielte das Buch, fürchte ich, eine sehr kleine, ja eine zu vernachlässigende Rolle.«

Wo einen Schlusspunkt finden? Nur willkürlich, da sich immer neue Geschichten aufdrängen und erzählt werden wollen. Vielleicht dort, wo dieses fast wirkungslose und doch nicht ganz nutzlose Büchlein einsetzt. Am 8. Mai 1945 ging der Krieg in Europa zu Ende. Von Deutschland aus schrieb mein Vater einen Brief an den Bruder nach Jerusalem:

»Liebster Freund, mein erstes Wort und alle meine Gedanken in diesem Augenblick sind für Euch.

Du weißt ja, dass ich vor sechs Jahren an eben diesem Tage das letzte Mal an Mutters Bett saß, da sie schon nicht mehr sprechen konnte, aber doch hören, was ich sagte, und den Satz von Bach, den ich ihr ›vorspielte‹.« – Die Mutter war auf dem Weg von Berlin nach Palästina in Genua gestorben. – »Und hier sitze ich nun, am Ende der sechs grausamen Jahre (...) in einem Garten, wie wir so viele gekannt haben. Es ist der erste echte Maitag: Sonnenschein, Kastanien, Flieder, Goldregen in voller Blüte; Iris in den Rabatten; und ein wildes Vogelzwitschern. Wir bewohnen (...) eins der wenigen Häuser, die in dem Ruin dieser kleinen Stadt heil geblieben sind. Was ich heute empfinde, ist so gemischt aus Erlösung, Furcht, Hoffnung, Schmerz, dass ich es nicht beschreiben kann. Es ist merkwürdig, dass es meinen Kameraden (mit Ausnahme zweier völlig menschenunähnlicher Offiziere, die offenbar gar nichts empfinden) ähnlich geht; (...) Es ist wenig Triumph in der Stimmung. (...) Triumph ist für die Leute zu Hause. Es kommt dazu, dass die Niederlage des Gegners den Sieger mit ergreift. Engländer sind so. (...) Sie werden bald nach Hause gehen zu ihren eigenen Leuten und diese Spannung vergessen. Ich dagegen, fremder Soldat im Geburtsland, habe nicht Heimat im vollen Sinne, die mich nach all dem aufnehmen wird.«

Ich komme nicht umhin, da alle Welt von Identität, von Rückkehr der Geschichte und vom Kampf der Kulturen redet, diese schwer zu ertragende Heimatlosigkeit, diese durchaus verdächtige doppelte oder dreifache Identität, als Wechsel auf eine menschlichere Zukunft und als Verpflichtung zu empfinden.

Alan Posener,
Berlin, September/Oktober 2001

Quellen:

Die erhaltenen Briefe von und an Julius Posener sind zusammen mit den anderen Papieren aus dem Nachlass in der Stiftung Archiv der Akademie der Künste gesammelt.

Der Brief vom 8. Mai 1945 ist zitiert nach *Julius Posener – ein Leben in Briefen,* hrsg. von Matthias Schirren und Sylvia Claus, Basel/Berlin/Boston 1999.

Die Erinnerungen an die Rückkehr Karls aus dem Ersten Weltkrieg sowie an die Zeit im »Blau-Weiß« sind Teil einer unveröffentlichten Autobiografie, die Julius Posener 1957 in englischer Sprache verfasste und die in deutscher Übersetzung bei Siedler erscheint.

Die Originalausgabe erschien 1947
unter dem Titel »In Deutschland 1945–1946«
von »Julius«, Edition Dr. Peter Freund, in Jerusalem.
Die Quelle wird im Julius Posener Archiv der
Akademie der Künste in Berlin aufbewahrt.
Herausgeber und Verlag danken dem Leiter
der Archivabteilung, Dr. Matthias Schirren, und
seinen Mitarbeitern für ihre Unterstützung und
Hilfe bei der Vorbereitung dieser Neuauflage.

Alle Rechte vorbehalten,
auch das der fotomechanischen Wiedergabe.
Kommentar und Redaktion: Markus Schacht, Berlin
Schutzumschlag: Rothfos & Gabler, Hamburg
Satz und Reproduktionen: Bongé+Partner, Berlin
Druck und Buchbinder: GGP Media, Pößneck
Printed in Germany 2001
ISBN 3-88680-755-X
Erste Auflage